W0370598

Heinrich
Thönges

Fruchtsäfte Weine, Essig und Liköre

4., korrigierte Auflage
52 Farbfotos
28 Zeichnungen

Ulmer

Vorwort

Man findet heute das ganze Jahr hindurch ein überreiches Angebot an Obst und Obsterzeugnissen: Neben den einheimischen auch viele früher unbekannte exotische Früchte. Frisch, konserviert oder in Form von Säften werden sie mit verlockender Aufmachung angeboten.

Doch trotz allen Überflusses löst die Industrialisierung der Nahrungsmittelherstellung Unbehagen aus. Viele Verbraucher sind durch die häufigen Berichte über Lebensmittelskandale verunsichert und suchen nach »alternativer Ernährung«. Das Interesse an Obst aus eigenem Anbau und an Wildfrüchten aus der freien Natur nimmt wieder zu. Man möchte auch Früchte, die über den augenblicklichen Bedarf hinaus anfallen, in irgendeiner Form selbst haltbar machen und so vor dem Verderb bewahren.

Die Frage: »Lohnt sich das denn heute noch?« ist hierbei nicht so wichtig. Die Bereitung von Saft, Wein, Essig und Likör aus Garten- und Wildfrüchten besitzt als Freizeitbeschäftigung großen »Selbsterfahrungswert«: Man erhält Einblick in interessante biochemische Naturvorgänge und kann die angeborene Kreativität ausleben. Zur Freude am eigenen Produkt mit selbstgefundener Geschmacksrichtung kommt der »Prestigegewinn« bei Nachbarn, Freunden und Verwandten, die man mit »Selbstgemachtem« beschenken oder zum Probieren einladen kann.

Dieses Taschenbuch soll die Liebhaber von Fruchtsäften, -weinen und -likören zur Selbstherstellung qualitativ hochwertiger Erzeugnisse anregen. Deshalb wurden an vielen Stellen grundsätzliche Betrachtungen eingefügt, zum Beispiel über Enzyme und Mikroorganismen, über die Theorie des Haltbarmachens und über die Nähr-, Gesundheits- und Genusswerte, die es zu erhalten gilt.

Vor allem aber beschreibt dieses Taschenbuch in langjähriger Erfahrung erprobte, leicht anwendbare, zuverlässige Methoden und Geräte, die helfen sollen, Mühe, Zeit und Geldaufwand gering zu halten, alle wertvollen Fruchtinhaltsstoffe zu bewahren und eine sichere Haltbarkeit zu erreichen.

Meistens sind mehrere Verfahren und ihre Anwendungsmöglichkeiten beschrieben. Dadurch kann eine Auswahl getroffen werden, je nach Qualität und Menge der vorhandenen Früchte, auch nach den bereits vorhandenen Geräten und sonstigen gegebenen Voraussetzungen.

Möge das vorliegende Buch, das nun in einer neugestalteten Auflage erscheint, bei allen Problemen, die diese sinnvolle und nützliche Tätigkeit mit sich bringt, eine fachlich einwandfreie Hilfe sein.

Limburg
im Frühjahr 2002
Heinrich Thönges

Inhalt

Einführung

Am Anfang war immer das Probieren und das Selbermachen. Wahrscheinlich haben schon die Frühzeitmenschen wildwachsende Früchte nicht nur gesammelt und im Naturzustand verzehrt, sondern auch ausgepresst und den Saft getrunken.

Man erkannte wohl bald, dass stehengelassener Saft trüb wurde, einen »rauhen« Geschmack annahm, zu »rauschen« begann und dann schlecht verträglich war. Erst nach einer gewissen Zeit wurde aus dem wildgewordenen »Most« ein abgeklärter »geläuterter« Wein, der den Trinkenden »in Stimmung« versetzte. So war wohl die Wirkung des Alkohols den Menschen von Anfang an bekannt und möglicherweise sogar erwünscht. In den ersten Hochkulturen des Mittelmeerraumes erlebte der Weinkult eine hohe Blüte.

Im Mittelalter lernte man, den Alkohol durch Destillation in konzentrierter Form zu gewinnen. Allerdings benutzte man den Weingeist und die Liköre nur als Medizin, als »Lebenselixier« und das Weinbrennen blieb lange ein Vorrecht der Apotheker. Bis ins vorige Jahrhundert hinein glaubte man, ein Fruchtsaft könne nur durch den Reinigungsprozess der Gärung haltbar gemacht werden. Über die chemische Zusammensetzung und die Entstehung des Alkohols wusste man noch nichts. Da fand der Chemiker Gay-Lussac die Reaktionsgleichung, nach der sich Trauben- oder Fruchtzucker in Alkohol und Kohlendioxid umwandelt. Einige Jahrzehnte später entdeckte Louis Pasteur, dass Hefen für diesen Vorgang verantwortlich sind, und dass man diese durch Erhitzen abtöten und dadurch die Gärung verhindern kann. Bald danach wurden die ersten haltbaren Fruchtsäfte hergestellt.

Die Süßmostpioniere verbreiteten seit Beginn unseres Jahrhunderts den Gedanken der gärungslosen Früchteverwertung, warben für »Flüssiges Obst« und entwickelten Herstellungsverfahren und Geräte für die Praxis. Gefördert wurden ihre Bemühungen durch die »Abstinenzler«, die »Lebensreformer« und auch durch die »Vitalstofflehre«. Diese Bewegungen für eine natürliche und vollwertige Ernährung wurden inzwischen durch die wissenschaftliche Forschung, insbesondere über Vitamine, Mineralstoffe und Spurenelemente, bestätigt.

Verbraucheraufklärung und Ernährungsberatung sorgen heute für eine objektive Information in Ernährungsfragen. Alles, was zu einer gesunden Ernährung gehört, bietet die Lebensmittelindustrie im Überfluss an.

Aber auch das Hausgemachte ist wieder in Mode gekommen. Die Frischsaftbereitung nimmt im modernen Haushalt zu. Auch das Haltbarmachen von Fruchtsaft, sowie das Herstellen von Wein, Essig und Likör aus selbstgeernteten Früchten wird weiterhin von vielen aus Liebhaberei betrieben.

Die Früchte und ihre Eignung

Allgemeine Anforderungen

Bei der Auswahl der Früchte zur Saft- und Weinbereitung muß zwar nicht auf äußere Schönheit, um so mehr aber auf innere Werte geachtet werden.

Reife
Der richtige Reifegrad lässt sich an bestimmten, je nach Fruchtart und -sorte verschiedenen, äußeren Merkmalen erkennen, zum Beispiel an der Farbe, an der Festigkeit von Schale und Fruchtfleisch, am leichten Ablösen der Frucht vom Zweig und natürlich am Geschmack. Unreifes Obst enthält noch wenig Zucker und schmeckt unangenehm sauer. Erst während des Reifevorgangs nimmt der Zuckergehalt zu. Aber der Säuregehalt nimmt im allgemeinen schon vor Erreichen der Vollreife wieder ab. Bei einigen Obstarten, zum Beispiel bei Äpfeln und Trauben, stellt sich schließlich von Natur aus ein harmonisches Säure-Zucker-Verhältnis ein. Bei anderen, vor allem bei Beeren und Sauerkirschen, gibt es auch bei Vollreife noch Zuckermangel und Säureüberschuss, so dass man noch durch Zucker- und Wasserzusatz »verbessern« muss (siehe Seite 65). Aber ein volles Ausreifenlassen ist hier ebenfalls notwendig, sonst haben die fertigen Säfte oder Weine kein volles, abgerundetes Aroma und man schmeckt noch die spitze, unreife Säure.

Bei unterschiedlichem Reifegrad immer nur die vollreifen Früchte pflücken!

Frische
Sofort nach der Ernte beginnen in den Früchten biochemische und mikrobiologische, von Enzymen gesteuerte Abbauprozesse, die bei warmem Wetter beschleunigt, bei Kühlraumtemperaturen verlangsamt werden, aber immer einen Verlust an wertvollen Inhaltsstoffen bringen. Deshalb muss

man, besonders bei Beeren und Kirschen, die ja in der wärmsten Jahreszeit geerntet werden, sofort nach der Ernte mit der Saftbereitung beginnen und zügig arbeiten, bis die Haltbarkeit gesichert ist. Ein Kühlraum kann hier sehr nützlich sein.

Sauberkeit

Im Schmutz sind massenhaft Mikroorganismen enthalten, deshalb geht schmutziges Obst schnell in Fäulnis oder Gärung über. Weiche Früchte, wie Beeren und Kirschen, vertragen intensives Waschen nicht, deshalb müssen hier besonders hohe Anforderungen an die Sauberkeit gestellt werden.

Leider wird heutzutage die Sauberkeit der Früchte durch Luftverschmutzung und Rückstände von Pflanzenschutzmitteln in Frage gestellt. Bestimmte Umweltgifte und Spritzmittelrückstände lassen sich durch Waschen nicht mehr entfernen. Wer Obst im eigenen Garten hat, sollte versuchen, möglichst ohne Sommerspritzungen auszukommen. Wildfrüchte sollte man nicht in unmittelbarer Nähe von stark befahrenen Autostraßen sammeln.

Gesundheit

Faules und schimmeliges Obst sollte keinesfalls für die Saft- und Weinbereitung verwendet werden. Es führt, auch bei geringem Anteil, zu erheblichen Geruchs- und Geschmacksfehlern. Bestimmte Schimmelpilze erzeugen im Obst das schon in Spuren giftige und auch Krebs fördernde Patulin (ein Mycotoxin). Auch in erheblichem Maße madiges Obst bringt schlechte Geschmacksstoffe in den Saft. Ein geringer, nur auf die Schale beschränkter Schorfbefall ist dagegen nur ein Schönheitsfehler.

Inhaltsstoffe und ihre Bedeutung bei der Saft- und Weinherstellung

Wasser

Es ist mengenmäßig der Hauptbestandteil aller Früchte und füllt die Zellen und Zellzwischenräume aus. Bei saftigen Früchten wird der größte Teil der wasserlöslichen Bestandteile mit dem Wasser als Saft herausgepresst, aber bei wasserarmen Früchten muss Wasser zum Auslaugen der »Extraktstoffe« hinzugegeben werden.

Kohlenhydrate

Die unlösliche Zellulose, ein Vielfachzucker, bildet das Gerüst in Schalen, Stielen, Samen und Kerngehäusen sowie die Zellwände im Fruchtfleisch. Beim Pressen bleibt sie im Trester zurück.

Stärke befindet sich in größeren Mengen nur in unreifem Obst. Sie ist ein Vielfachzucker wie die Zellulose, aber in kochendheißem Wasser bildet sie einen Kleister. Beim Reifeprozeß spaltet sie sich zunächst in Dextrine und schließlich in Zwei- und Einfachzucker auf.

Trauben- und Fruchtzucker, beides Einfachzucker und leicht wasserlöslich, sind meistens zu gleichen Teilen im Obst vorhanden, daneben auch in unterschiedlichen Mengen der Rohr- oder Rübenzucker. Er ist ein Zweifachzucker und wird mit Hilfe eines fruchteigenen Enzyms oder in Gegenwart von Säuren in ein Gemisch von Traubenzucker und Fruchtzucker (Invertzucker) aufgespalten. In fertigen

Fruchtsäften sind meistens nur noch diese beiden Einfachzucker vorhanden. Der Zuckergehalt ist maßgebend für den Trockensubstanz- oder Extraktgehalt des Saftes, auch für das Mostgewicht, gemessen in Öchslegraden (siehe Seite 68).

Pektinstoffe sind in ihrem chemischen Aufbau den Vielfachzuckern ähnlich. Sie spielen eine Rolle als »Kittsubstanz« der Zellen und als »Auskleidungsmasse« der mit Saft gefüllten Zellzwischenräume. Das ursprünglich völlig wasserunlösliche Protopektin wird im vollreifen Obst allmählich in eine gelierende Form, das Hydropektin umgewandelt. Dadurch werden die Früchte weich und »matschig«, was zu Schwierigkeiten beim Pressen und auch bei der Saftklärung führen kann. Durch fruchteigene oder zugesetzte Enzyme (siehe Seite 41) werden die Pektinstoffe in leicht lösliche Bausteine aufgespalten.

Fruchtsäuren

Ihre Bildung ist meistens schon einige Zeit vor der Verzuckerung der Stärke beendet. Als Fruchtsäuren werden drei verschiedene Säuren bezeichnet: Äpfelsäure kommt hauptsächlich im Kernobst, aber auch in fast allen anderen Obstarten vor; sie hat einen angenehmen, neutralen Geschmack. Zitronensäure findet man in Beeren- und Steinobst, geringe Mengen auch in Birnen; Weinsäure ist hauptsächlich in Weintrauben, sonst nur noch in Kirschen, sie kann einen »harten« Säuregeschmack hervorrufen.

Der Säuregehalt der Früchte wird gemessen in Gramm pro Liter (g/l) Saft (siehe Seite 68). Er ist bei der Herstellung von Saft und Wein von entscheidender Bedeutung, zum Beispiel für die Selbstklärung und die Haltbarkeit.

Eiweißstoffe

In Fruchtsäften sind sie unerwünscht. Sie flocken beim Pasteurisieren in den Flaschen aus und führen zu Trübungen. Dagegen sind sie im Gärmost wichtig für den Aufbau der Hefezellen. Sie liefern vor allem die notwendigen Stickstoff- und Phosphorverbindungen. Diese können dem Most aber auch in Form von anorganischem Hefenährsalz (siehe Seite 83) zugesetzt werden. Aminosäuren, die in den Früchten in ganz geringen Mengen vorkommen, sind die Bausteine der Eiweißstoffe.

Enzyme

Sie bestehen aus Eiweiß und einer besonderen Wirkstoffgruppe. Bis zur Vollreife steuern sie in gesunden und unbeschädigten Früchten alle Aufbauvorgänge. Danach aber bewirken sie auch den Abbau und führen, besonders wenn die Zellstruktur zerstört wird, rasch bis zum völligen Abbau aller organischen Stoffe. Deshalb müssen sie möglichst schnell durch Erhitzung inaktiviert werden. Dies gilt vor allem für die sauerstoffübertragenden Oxidasen, die zum Beispiel Apfelmaische und -frischsaft bei Luftzutritt schnell braun werden lassen und auch zur Zerstörung von Vitamin C führen. Auch die Esterasen, die das Aroma ungünstig beeinflussen, sind unerwünscht. Hingegen ist die Wirkung der fruchteigenen pektinspaltenden Enzyme meistens willkommen und wird, zur Vermeidung von Press- und Klärschwierigkeiten, oft noch durch zugesetzte Präparate (Antigeliermittel, siehe Seite 41) unterstützt.

Gerbstoffe
Sie geben manchen Früchten einen herben, die Mundschleimhaut zusammenziehenden Geschmack. Ihre Wirkung beruht darauf, dass sie eine feste Verbindung mit Eiweiß eingehen, die in Getränken ausfällt und damit die Selbstklärung auslöst. Gerbstoffreich sind Mostbirnen, Speierlinge und Schlehen. Werden diese Früchte aber überreif oder gefrieren sie unmittelbar vor der Ernte, so bauen die Gerbstoffe in wenigen Tagen fast vollständig ab. (Im Gefrierschrank lässt sich die beschriebene Wirkung aber nicht erreichen.) Gerbstoffe wirken auch konservierend und damit günstig auf die Haltbarkeit von Saft und Wein.

Farbstoffe
Anthozyane sind blaue, rote oder violette Farbstoffe und kommen beispielsweise in Schwarzen Johannisbeeren oder roten Trauben vor. Sie gelangen nur dann vollständig in den Saft, wenn die Maische aufgeschlossen wird. Dies geschieht durch Enzymierung (Zugabe von Antigeliermittel, siehe Seite 41), Erhitzen oder (bei der Weinbereitung) durch Angären (siehe Seite 75).

Carotin (orangefarben) ist im Saft überhaupt nicht löslich und bleibt beim Kalt- und Heißentsaften in den Rückständen, während die Säfte sehr farbarm sind. Deshalb sollten aus carotinreichen Früchten (Pfirsiche, Aprikosen, Tomaten) besser fruchtfleischhaltige Getränke (durch Passieren oder im Mixer) bereitet werden.

Auch Flavonoide, gelbe bis rote Farbstoffe, zum Beispiel Hesperidin und Rutin, gehören zu den in Früchten vorkommenden Farbstoffen (siehe Seite 114).

Vitamine, Mineralstoffe, Spurenelemente
Carotin ist die Vorstufe von Vitamin A. Vitamin C wirkt im Saft oxidationshemmend. Es ist ziemlich hitzebeständig, sofern nicht gleichzeitig Oxidation bei Berührung mit (Luft-)Sauerstoff stattfindet.

Durch Zugabe von Vitamin C (L-Ascorbinsäure) können oxidative Veränderungen im Saft gehemmt werden (siehe Seite 41). Bei der Weinbereitung kann zugesetzte Ascorbinsäure die schweflige Säure teilweise ersetzen (siehe Seite 89).

Mineralstoffe und Spurenelemente haben im gärenden Most eine wesentliche Bedeutung für die Ernährung der Hefen. (Über die Wirkung von Vitaminen, Mineralstoffen und Spurenelementen im menschlichen Organismus siehe Seite 109–115).

Aromastoffe
Mengenmäßig fallen die Geruchs- und Geschmacksstoffe, die für jede Obstart, manchmal sogar für eine bestimmte Sorte typisch sind, kaum ins Gewicht. Sie sind aber aus vielen einzelnen Komponenten zusammengesetzt. Vollreife Früchte haben eine optimale Aromazusammensetzung, die sich aber nur wenige Tage hält, weil alle Aromastoffe flüchtig sind und bald »verduften«.

Eigenschaften der Fruchtarten und Hinweise zu ihrer Verarbeitung

Äpfel
Alle Äpfel, die saftig sind und ein ausgeglichenes Säure-Zucker-Verhältnis besitzen, das heißt angenehm säuer-

lich schmecken, sind zur Saft- und Weinherstellung geeignet. Fehlt es einer Sorte an Zucker, der anderen aber an Säure, so lässt sich dies durch Mischen der beiden ausgleichen. Säurespender sind vor allem die ausgesprochenen Mostäpfel. Auch die in Schmuckgärten und Parkanlagen anzutreffenden Zierapfelfrüchte sind für diesen Zweck recht brauchbar. Wenigstens ein Teil der Äpfel muss aber auch Aroma besitzen. Dazu sind gute Tafelapfelsorten besonders geeignet. Nur voll ausgereifte, gesunde Äpfel geben einen guten Apfelsaft. Das gleiche gilt auch für Apfelwein: Süßäpfel geben zwar viel Alkohol, das Getränk schmeckt aber infolge mangelnder Säure ziemlich fade und ausdruckslos. Stark saure Früchte allein geben oft ein rauhes, unausgeglichenes Getränk, das auch nicht immer bekömmlich ist.

Fallobst darf nur verwendet werden, wenn es reif und gesund ist. Unreifes, vom Sturm frühzeitig heruntergefegtes oder mit Gewalt heruntergeschlagenes Obst gibt im Saft und im Wein eine unangenehme, spitze Säure, die sogar gesundheitsschädlich ist.

Noch nicht völlig genussreife, aber gesunde und völlig unbeschädigte Spätäpfel können einige Zeit in kleinen Haufen, vor Nässe geschützt, lagern. Dabei wird noch Stärke in Zucker umgewandelt. Die Früchte verlieren während der Lagerung einen Teil ihrer Säure und die Aromastoffe werden noch vollkommener ausgebildet.

Überreife, mehlige Äpfel erschweren das Auspressen und liefern trübe, schwer klärende Säfte und Moste. Ein geringer, nur auf die Schale be-

Geschüttelte Mostäpfel müssen reif und gesund sein. Sauber werden sie durch intensives Waschen.

schränkter Schorfbefall kann in Kauf genommen werden. Ein erheblicher Anteil an wurmstichigen Äpfeln beeinflusst aber Geschmack, Geruch und Farbe des fertigen Saftes.

Leider können Apfelsaft und Apfelwein nur mit Hilfe geeigneter Keltergeräte einwandfrei hergestellt werden. Zum Dampfentsaften eignen sich Äpfel nicht; die Ausbeute ist gering und die Frische in Geschmack und Aroma geht verloren.

Kleine Mengen, die man mit der elektrischen Saftzentrifuge im Haushalt gewinnt, werden am besten gleich frisch getrunken oder tiefgefroren.

Birnen

Die meisten Birnen, vor allem die ausgesprochenen Tafelbirnensorten, haben viel zu wenig Säure. Ihr Saft schmeckt deshalb zu süß und fade.

Eine Ausnahme bilden nur die alten, harten, steinfleischigen, herben Mostbirnen, deren riesig hohe Bäume man aber bei uns nur noch selten sieht. Sie wurden auch »Scheidbirnen« genannt, denn sie bewirken, wegen ihres hohen Gerbstoffgehaltes, schon bei einem geringen Zusatz zu Äpfeln und anderen Früchten eine völlige Selbstklärung der Säfte. Für sich allein wirkt ihr Saft stark zusammenziehend auf die Mundschleimhäute.

Dem säurearmen Saft aus Tafelbirnen kann man Rhabarber-, Schlehen-, Quitten- oder Ebereschensaft als Säurebringer zusetzen. Am besten ist es aber, die Birnen in kleineren Mengen säurereichen Mostäpfeln zuzumischen. Überreife, bereits »morsche« Birnen dürfen keinesfalls verwendet werden. Ihr Saft lässt sich nur schwer auspressen und bekommt eine unschöne Farbe sowie einen unangenehmen Beigeschmack.

Bei der Entsaftung verfährt man mit Birnen genau so wie mit Äpfeln.

Quitten

Sie sind fast nur noch hie und da in Liebhabergärten zu finden und werden hauptsächlich für Gelee und Marmelade verwendet. Sie enthalten reichlich Säure, Gerbstoffe und ein ausgezeichnetes, charakteristisches Aroma. Dieses geben sie auch bei einer verhältnismäßig geringen Zumischung dem Apfelsaft mit. Reiner Quittensaft ist meistens zu sauer und muss mit Wasser und Zucker trinkbar gemacht werden. Auf der Außenschale besitzen die Quitten feine, ölhaltige Flaumhärchen, die beim Waschen durch intensives Bürsten oder vorher durch trockenes Abreiben entfernt werden müssen.

In Parkanlagen und Gärten ist bei uns die Japanische Quitte als schön blühender Zierstrauch zu finden. Die erst im späten Herbst reifenden Früchte sind außerordentlich säurereich (Gesamtsäure etwa 40 g/l), was sie als säurebringenden Zusatz (5–8 %) für Apfelsaft oder Apfelwein interessant macht. Auch zu den säurearmen Hagebutten sind sie eine gute Ergänzung. In vollreifem Zustand besitzen sie, wenn auch etwas abgeschwächt, das typische Quittenaroma.

Mispeln

Man findet sie nur noch selten, halb verwildert an Hecken und Waldrändern oder in Gärten als schön blühenden Strauch. Die Früchte sind lederbraun und ähneln kleinen Äpfeln.

Apfelquitten (hinten) und die kleineren japanischen Zierquitten.

Sie enthalten in reichem Maße Zucker, Äpfelsäure, Pektin und Gerbstoffe. Schon im Altertum gaben Griechen und Römer die Früchte zur Selbstklärung in den Wein und auch bei uns wurden sie viele Jahrhunderte lang zum gleichen Zweck – auch für Apfelwein und verschiedene andere Obst- und Fruchtweine – benutzt.

Vogelbeeren
Weil ihre Früchte eine wichtige Nahrungsquelle für viele Vogelarten sind, wurden in letzter Zeit vielfach Ebereschen oder Vogelbeeren an Wegen, Straßen und in Parkanlagen gepflanzt. Die Früchte enthalten unter anderem Sorbit, einen Zuckeraustauschstoff (sechswertiger, süßschmeckender Alkohol). Sie sind reich an Vitamin C, aber stark sauer und bitter. Man hat jedoch durch Auslese eine veredelte Abart mit weniger Gerbstoffen (Süße Mährische Eberesche) gezüchtet. Zur Säureerhöhung und Selbstklärung kann sie bei der Apfelsaft- und -weinherstellung verwendet werden. Durch ein- bis zweitägiges Einlegen in Essigwasser (ein Teil Speiseessig, zwei Teile Wasser) kann man die vollreif geernteten Früchte wenigstens teilweise entbittern und dann am besten dampfentsaften.

Aus dem Saft kann man auch einen gutschmeckenden Sirup herstellen, der seit alters her als Hustensaft bei Erkältungen eingenommen wird.

Die Früchte der Edeleberesche sind reich an Vitamin C. Als Zusatz zu Apfelsaft erhöhen sie die Säure und fördern die Selbstklärung.

Speierlinge
Sie sind botanisch eng mit den Ebereschen verwandt (Kulturform der Eberesche). Die apfel- oder birnenförmigen Früchte wurden früher in der Umgebung von Frankfurt angebaut, weil sie hier von Kennern als Zusatz zum Apfelwein besonders geschätzt werden. Ihr hoher Gerbstoffgehalt gibt dem Getränk einen herben Geschmackston und fördert die Selbstklärung, auch beim Apfelsaft. Vor dem Pressen muss die Maische, mit Wasser angesetzt, über Nacht stehen.

Hagebutten
So heißen die Früchte der Rosen. Außer der bei uns verbreiteten Hundsrose sind auch noch mehrere andere Wildformen, zum Beispiel die Heiderose, zu finden. In Parkanlagen trifft man auf mehrere Rosenarten mit großen Früchten, zum Beispiel die

Hagebutten sind sehr saftarm und brauchen eine besondere Behandlung. Sie ergeben aber einen wohlschmeckenden Saft und einen ausgezeichneten Dessertwein.

Kartoffelrose (*Rosa rugosa*) oder die Apfelrose (*Rosa villosa*).

Die Hagebutten – außer den für die Saft- und Weinbereitung ungeeigneten Edelrosenfrüchten – sind alle außerordentlich reich an Vitamin C und enthalten auch Carotin. Sie eignen sich für die Herstellung von Saft und geben auch einen ausgezeichneten Fruchtwein. Die Früchte müssen gut ausgereift, dürfen jedoch noch nicht matschig oder gar schwarz geworden sein. Hagebutten besitzen sehr wenig Säure und sind auch völlig arm an Saft. Deshalb müssen die von Stielen und Kelchblättern befreiten Früchte nach dem Mahlen mit kochendem Wasser überbrüht oder ungemahlen mit viel Wasser einige Minuten gekocht und dann zerstampft werden. Bei der Weinherstellung ist eine Maischegärung mit Zusatz von Milchsäure erforderlich (siehe Seite 75).

Kirschen

Sauerkirschen geben einen besonders aromatischen Saft und auch einen hervorragenden Fruchtwein, beide von einer wunderbar rubinroten Farbe. Besonders geeignet sind für die Entsaftung Sorten, die kräftig färben, einen hohen Säuregehalt und ein typisches Aroma besitzen. Den Süßkirschen fehlt sowohl Säure als auch Aroma, vielen Sorten auch die Farbe. Deshalb können sie nur als Zuckerspender für den Verschnitt mit Sauerkirschen, Johannisbeeren oder anderen sauren Früchten Verwendung finden.

Kirschen dürfen nicht mit den Stielen verarbeitet werden, da hierdurch bittere Geschmacksstoffe in den Saft gelangen. Man zupft sie am besten ohne Stiele vom Baum und verarbeitet sie sofort danach, damit keine Verluste durch »Ausbluten« entstehen. Entsteinen ist dagegen nicht notwendig. Durch Zerquetschen einiger Steine (10 bis 20 %) wird das Aroma des Saftes noch intensiviert und der Geschmack erhält eine pikante Bittermandelnote.

Zwetschen und Pflaumen

Der Saft von Zwetschen und Pflaumen ist für sich allein meistens fade im Geschmack und nur schwach gefärbt. Er kann aber zu Mischungen mit sauren, aromatischen Säften Verwendung finden. Allerdings ist dann oft die entstehende Mischfarbe nicht sehr ansprechend.

Nur die spätreifen, sauren, »echten« Hauszwetschen geben einen recht wohlschmeckenden Saft und auch Wein. Sie werden vorteilhaft noch mit (etwa 10 %) Schlehen vermischt.

Am besten empfiehlt sich Dampfentsaften. Dazu müssen die Früchte aber vorher entsteint werden, denn die Steine enthalten viel Bittermandelöl (spaltet giftige Blausäure ab). Zur Weinherstellung kann man die entsteinten und in kleinere Stücke geschnittenen Früchte auch einer Maischegärung unterziehen (siehe Seite 75).

Pfirsiche und Aprikosen (Marillen)

Man findet sie bei uns nur in klimatisch begünstigten Gegenden. Pfirsiche haben samtartige Härchen, die ölhaltig und deshalb nach gründlichem Waschen der Früchte vollständig abzureiben sind. Neben Vitamin C weisen beide Fruchtarten einen beachtlichen Gehalt an Carotin auf, das aber wasserunlöslich ist und beim Saftpressen zurückbleibt. Deshalb wird aus den vorher entsteinten Früchten besser im Mixer oder durch Heißpassieren ein Mark bereitet, das dann durch Verdünnen mit Wasser oder Mischen mit anderen Säften ein ansprechendes Getränk ergibt.

Schlehen

So heißen die Früchte des Schwarzdorns, der bei uns überall an Waldrändern, Wegrainen und Bahndämmen Hecken bildet. Ihre Schale ist blauschwarz und durch eine Wachsschicht grau bereift. Das Fruchtfleisch ist grün. Die Schlehen sind gerbstoffreich, deshalb schmecken sie sehr herb und ziehen die Mundschleimhaut stark zusammen.

Aber nach dem ersten Frost geht der Gerbstoffgehalt zurück und der Geschmack wird etwas milder. Auch in hochreifem Zustand enthalten die Schlehen noch reichlich Säure und sind deshalb zum Verschnitt mit säurearmen Säften gut geeignet. Wegen des Gerbstoffreichtums können sie auch als selbstklärender Zusatz zu Apfelsaft und Apfelwein verwendet werden. Auch ein ansprechender Wein und ein vorzüglicher Likör lässt sich aus Schlehen gewinnen. Dampfentsaften (mitsamt den Steinen) ist das geeignete Verfahren zur Saftgewinnung.

Schlehen eignen sich gut als gerbstoffreicher Zusatz zu Apfelsaft und -wein, ergeben aber auch einen in Farbe und Geschmack vorzüglichen Likör.

Kornelkirschen

Sie werden auch Dürlitze genannt und sind die Früchte des gelben Hartriegels, der bei uns als sehr früh blühender Zierstrauch in Parkanlagen und Gärten – in Süddeutschland auch wild wachsend – anzutreffen ist. Die länglich-ovalen, kastanienbraunen bis roten Steinfrüchte schmecken herbsüß bis säuerlich. Sie enthalten viel Pektin, Gerbstoffe, auch genügend Fruchtsäuren. Sie lassen sich, wenn sie voll ausgereift sind, leicht auf untergelegte Tücher schütteln. Der Saft eignet sich als säurebringender Zusatz zu anderen Fruchtsäften. Er wird am besten im Dampfentsafter gewonnen. Man kann auch einen Sirup daraus herstellen, der durch Verdünnen mit Wasser eine erfrischende Limonade ergibt.

Schwarze Johannisbeeren

Seit man ihren hohen Vitamin-C-Gehalt und damit ihren besonderen gesundheitlichen Wert entdeckt hat, gelten sie als wertvollste einheimische Frucht, namentlich für die Saftbereitung. Die Beeren haben eine schwarzviolette bis glänzend schwarze Schale. Das Fruchtfleisch ist grün, aber der Saft wird sehr dunkelpurpurrot. Sehr hoch ist der Säuregehalt. Der eigenartige, durchdringende Geruch und Geschmack macht die frischen Früchte für manchen nicht gerade verlockend, wird aber beim trinkfertigen, verdünnten Saft allgemein als angenehm empfunden. Auch der Wein aus Schwarzen Johannisbeeren schmeckt ausgezeichnet, und der Likör (Cassis-Likör) wird hoch geschätzt. Der richtige Erntezeitpunkt ist gekommen, wenn die meisten Beeren im Innern der Sträucher rundherum schwarz sind. Die Saftbereitung erfolgt am besten mit dem Dampfentsafter, wobei die Farbstoffe ohne größere Vitaminverluste gut ausgelaugt werden. Ein Entfernen der Stiele ist nicht erforderlich, weil diese auch den charakteristischen Geruch und Geschmack der Früchte aufweisen.

Für Mischungen mit Roten Johannisbeeren und anderen Früchten sind Schwarze Johannisbeeren eine wertvolle Komponente.

Rote Johannisbeeren

Sie wachsen bei uns überall in Hausgärten. Zur Saft-, Sirup- und Weinbereitung werden sie wegen ihrer schönen, hellroten Farbe und ihrer erfrischenden, durstlöschenden Wirkung sehr geschätzt. Die Früchte sollten unbedingt so lange am Strauch hängen bleiben, bis die reichlich vorhandene Säure auch beim Frischverzehr nicht mehr spitz, sondern angenehm abgerundet schmeckt, die Farbe intensiver, der Zuckergehalt höher und das Aroma voll entwickelt ist. Im Gegensatz zu den Schwarzen fallen die Roten Johannisbeeren nämlich auch bei Überreife nicht gleich ab. Das Entfernen der Stiele ist nicht unbedingt nötig, bringt aber, zumal beim Dampfentsaften, einen merkbar »reintönigeren« Geschmack. Für die Fruchtweinherstellung ist die Kaltentsaftung mit der Haushalts-Fruchtpresse (Vorsatz am Fleischwolf) vorzuziehen.

Stachelbeeren und Jostabeeren
Zur Saftherstellung werden am besten dunkelfrüchtige Sorten genommen. Der beste Reifezustand für die Entsaftung ist »hartreif«, das heißt die Früchte sollen zwar voll entwickelt, aber noch nicht weich sein, sonst enthalten sie zuviel gelierendes Pektin, was zu Press- und Klärschwierigkeiten führt. Stachelbeeren sind auch für die Fruchtweinbereitung gut geeignet, sowohl für sich allein als auch in Mischungen.

Jostabeeren sind eine neugezüchtete Kreuzung zwischen Schwarzen Johannisbeeren und Stachelbeeren. Die stachellosen Sträucher ähneln mehr der Johannisbeere. Sie lassen sich im Garten als Spalier an Drahtgestellen ziehen, sind winterhart und resistent gegen Krankheiten und Schädlinge. Die vitaminreichen Beeren sind außen schwarz und das Fruchtfleisch ist grün, wodurch im Saft eine ansprechende, rote Farbe entsteht. Der bei Schwarzen Johannisbeeren typische strenge Geruch und Geschmack ist bei den Jostabeeren kaum wahrnehmbar.

Erdbeeren
In Mehrfruchtsäften sind sie eine wertvolle, aromagebende Komponente. Für sich allein fehlt aber dem Saft meist die Säure. Wegen des gegen Wärme und Licht sehr empfindlichen Aromas sollte die Ernte am frühen Morgen erfolgen. Die Früchte sollten durch und durch reif, aber nicht überreif sein. Früchte, die bereits breiig, gärig, schimmelig oder faulig geworden sind, führen im gesamten Saft zu schlechtem Geschmack und schmutzig brauner Farbe. Die Kelchblätter sind bei der Entsaftung kaum qualitätsmindernd, es ist aber besser, sie zu entfernen, oder die Früchte ohne Kelche zu pflücken. Nur Sorten mit tiefrotem Fruchtfleisch liefern hochfarbige Säfte. Bei Erhitzung bekommen Erdbeersäfte leicht eine unansehnliche Farbe und verlieren an Aroma. Dies kann durch Zusatz von rotem Johannisbeersaft etwas ausgeglichen werden. Aus kaltgewonnenem Erdbeersaft lässt sich ein vorzüglicher Fruchtwein herstellen. Bei der Sirupherstellung sollte man nur das Kaltrührverfahren anwenden (siehe Seite 60).

Himbeeren
Die modernen Kultursorten sind großfruchtig und zum Frischverzehr ein Leckerbissen. Zur Saft- und Sirupbereitung sind aber Waldhimbeeren wegen ihres besseren Aromas zu bevorzugen. In manchen Jahren werden die Himbeeren so stark von Maden (Larven der Fruchtfliege) befallen, dass nicht nur ihr Frischverzehr, sondern auch die Saftbereitung

als unhygienisch anzusehen sind. Die vollreifen, gesunden Früchte sind ohne Stiel und Fruchtboden vorsichtig in kleine, flache Gefäße zu pflücken. Überreife Himbeeren haben eine ins Violette gehende Farbe, die auch der Saft bekommt.

Die geernteten Früchte sind schnellstens zu verarbeiten oder vorübergehend tiefzufrieren.

Wegen ihres intensiven durchdringenden Aromas ist die Himbeere nur in geringeren Zusätzen zu Mehrfruchtsäften zu verwenden. Meistens dient sie zur Herstellung von Sirupen, die dann stark verdünnt als gekühlte Limonaden vor allem von Kindern gerne getrunken werden.

Brombeeren und Brombeer-Himbeer-Kreuzungen

Wild wachsen sie bei uns in zwei Arten (Wald- und Feldbrombeeren). Als Kulturform sind sie aber hierzulande erst seit gut hundert Jahren bekannt. Ihre Dornen sind ein Schrecken der Gartenliebhaber, aber es gibt seit einiger Zeit auch in den USA gezüchtete, dornenlose Sorten. An Bahndämmen, Wegrändem und auf unbewirtschafteten Flächen trifft man jetzt vielfach auch verwilderte, Gartenbrombeeren an.

Nur in vollreifem Zustand lösen sich die violett-schwarzen Früchte mit dem zapfenförmigen Blütenboden leicht von Kelch und Stiel ab. Leider haben sie dann schon an Säure verloren und verderben rasch, wenn man sie zu lange hängen lässt (bitterer Geschmack und Pilzbefall mit muffigem Geruch). Es ist deshalb sehr wichtig, den richtigen Reifegrad zu erwischen und die Früchte dann sofort zu verarbeiten.

Brombeeren geben einen hervorragenden Saft mit eigenem, vanilleartigem Aroma, sowie auch einen delikaten Likör und einen ausgezeichneten Fruchtwein.

Brombeer-Himbeer-Kreuzungen, die einigen Züchtern gelungen sind, vereinen gute Eigenschaften beider Beerenarten. So hat die schon vor etwa hundert Jahren in Kalifornien gezüchtete Loganbeere 3–4 cm lange, dunkelviolette Früchte, die viel säurereichen Saft mit hervorragendem Aroma ergeben. Die Sträucher sind aber nicht sehr winterfest. Deshalb ist ihr Anbau bei uns nur im Weinklima möglich. Eine etwas kälteresistentere Neuzüchtung aus Schottland ist die Taybeere. Ihre Früchte sind noch größer als die Loganbeeren, purpurrot und von gutem Geschmack. Auch sie ist für die Saft- und Weinbereitung bestens geeignet.

Heidelbeeren

Die kniehohen Sträucher der auch Blau- oder Bickbeeren genannten Heidelbeeren findet man noch massenhaft auf sauren, nährstoffarmen Wald- und Heideböden (sie werden auch als mannshohe »Gartenheidelbeeren« gezüchtet). Die dunkelblauen bis schwarzen, bereiften Früchte enthalten viel Saft mit ziemlich viel Säure und Gerbstoffen, die an die Farbstoffe gebunden sind. Nicht mehr frische Heidelbeeren nehmen einen bitteren Geschmack an und können ein Braunwerden des Saftes bewirken. Deshalb sind die Heidelbeeren möglichst bald nach dem Pflücken zu verarbeiten. Man kann einen wohlschmeckenden Saft, einen guten Wein und auch einen hervorragenden Likör aus Heidelbeeren herstellen. Beim Genuss dieser Köstlichkeiten muss man allerdings in Kauf nehmen, dass Zähne und Mundschleimhaut intensiv blau gefärbt werden.

Sanddornbeeren
Bei uns findet man den dornigen Strauch wild wachsend in Fluss- und Auegebieten oder an der See, zunehmend auch, wegen der leuchtend orangefarbenen »Korallenbeeren«, als Zierstrauch in Parkanlagen. Wegen der Dornen ist es schwer, in die Hecken einzudringen. Zudem hängen die Früchte dicht und fest direkt an den Ästen und platzen beim Anfassen. Sie müssen deshalb mit einer kleinen Schere abgeschnitten und auf einer vorher ausgebreiteten Decke aufgefangen werden.

Die Beeren sind sehr sauer und zuckerarm. Sie enthalten außerordentlich viel Vitamin C und als unlöslichen Farbstoff Carotin. Schon seit langem wird im Haushalt aus den Sanddornbeeren durch Aufkochen und Passieren ein stark gezuckertes Fruchtmark gewonnen, das zur Bereitung von Mischgetränken dienen kann.

Holunderbeeren
Der Holunder- (oder Holler-)strauch ist bei uns überall an Waldrändern, Holzschlägen, Rainen, Mauern und Zäunen zu finden. Die in Dolden hängenden Holunder- oder Fliederbeeren enthalten ein ätherisches Öl, das schweißtreibend wirkt. Der Saft ist stark färbend, tiefdunkelrot und spielte früher in der Volksheilkunde eine

Die »Korallenbeeren« des als Ziergehölz beliebten Sanddorns sind außergewöhnlich reich an Vitamin C.

Der gesundheitliche Wert des Holunders sollte nicht in Vergessenheit geraten.

Auch die vitaminhaltigen sauren Früchte der wildwachsenden Berberitze gelten von alters her als Heilmittel.

große Rolle. Leider ist der gesundheitliche Wert des Holunders fast in Vergessenheit geraten und die Beeren werden nur noch von wenigen Kennern gesammelt. Sie haben einen eigentümlichen Geruch. Der Saft schmeckt etwas streng. Er wird auch zu Heißgetränken und Suppen benutzt und gibt ein hervorragendes Gelee. Unreife Früchte, aber auch die Dolden und die Kerne der reifen Früchte enthalten das Glycosid Sambunigrin, eine Zuckerverbindung, die durch enzymatischen Abbau geringe Mengen Blausäure abspaltet und Erbrechen, Durchfall und Benommenheit hervorrufen kann. Deshalb muss vor dem Frischverzehr der Holunderbeeren dringend gewarnt werden. Zur Verarbeitung müssen alle Beeren völlig reif sein. Die Dolden müssen entfernt und der Saft muss durch Dampfentsaften gewonnen oder kurz aufgekocht werden, dann besteht keine Gefahr.

In unseren Wäldern wächst auch der rote Holunder (Traubenholunder). Bei seinen leuchtend roten Früchten muss nicht nur vor dem Rohgenuss, sondern auch vor der Verarbeitung unbedingt abgeraten werden. Seine Samen enthalten ein giftiges Öl, das Übelkeit und Erbrechen hervorruft.

Berberitzen

Die dornigen Sträucher, auch Sauer- oder Essigdorn genannt, wachsen wild an steinigen Hängen und Rainen. Verwandte, aus Amerika stammende Formen, die als Zierstrauch häufig in Parkanlagen zu finden sind, eignen sich nicht für die Saft- und Weinbereitung. Die scharlachroten, kleinen, walzenförmigen Beeren reifen im September. Berberitzensaft, der schon seit alters her als Heilmittel bei fieberhaften Erkrankungen sowie bei Blasen- und Nierenleiden angewendet wird, enthält Vitamin C und so viel Säure, dass er auch als Essigersatz verwendet werden kann.

Man kann den Berberitzensaft, den man am besten durch Dampfentsaften gewinnt, als säurereichen Zusatz zu Mehrfruchtsäften geben oder einen Sirup daraus herstellen, den man zu erfrischender Limonade verdünnt.

Trauben

Unbestreitbar zählt die Traube zum edelsten Obst. Sie wird zum weitaus überwiegenden Teil zur Weinherstellung verwendet. Für Traubensaft eignen sich am besten Sortenmischungen, die etwas weniger Zucker, dafür aber ausreichend Säure und ein volles, ansprechendes Aroma aufweisen. Gerade die guten Weintraubensorten der besten Lagen und Jahrgänge sind für die Traubensaftherstellung wenig geeignet, weil ihr Zuckergehalt im Verhältnis zur Säure zu hoch liegt.

Die Keltertrauben werden bei der üblichen Weinlese teilweise überreif geerntet (Spätlese), in großen Bottichen hoch aufgeschüttet, festgestampft und meistens auch schon im Weinberg zu Maische gemahlen, in der bereits auf dem kurzen Weg zur Kelter die (erwünschte) Gärung einsetzt. Für die Saftbereitung bestimmte Trauben sollten dagegen knappreif geerntet und sorgfältig in flache Steigen gelegt werden. Vor der baldigen Verarbeitung sollten sie auch unbedingt durch Überbrausen gründlich gewaschen und abgebeert werden. Letzteres ist sonst nur bei der Rotweinherstellung vor der Maischegärung üblich. Zur Herstellung von rotem Traubensaft muss der in der Schale befindliche Farbstoff (Anthozyan) durch Wärme- oder Enzymbehandlung erst aufgeschlossen werden. Da die Geschmacks- und Aromastoffe der Trauben gegen Erhitzung sehr empfindlich sind, ist es schwierig, einen guten Traubensaft selbst herzustellen und haltbar zu machen. Hier kann nur das Tiefgefrieren (siehe Seite 59) empfohlen werden.

Tomaten

Vorgetriebene Tomatenpflanzen werden von Liebhabern überall an sonnigen Plätzen gehegt und gepflegt.

Während die Trauben zur Weinbereitung möglichst süß sein sollen, ist für die Saftherstellung ein harmonisches Säure-Zucker-Verhältnis wichtiger.

Neben dem Frischverzehr werden im Haushalt auch Tomatenmark und -saft haltbar gemacht. Dazu müssen die Früchte gesund und völlig ausgereift sein. Alle grünen Teile müssen entfernt werden, denn sie schmecken bitter und enthalten, wie alle anderen Nachtschattengewächse, das giftige Glycosid Solanin. Tomatensaft und -mark werden am besten durch Heißpassieren, oder kalt mit dem Mixer, der Saftzentrifuge oder einer Spezialpresse für rohe Tomaten hergestellt. Gewöhnliches Kaltpressen liefert nur einen hellgelben Saft. Wegen des geringen Säuregehaltes ist eine sichere

Tomatensaft mit rotem Fruchtfleisch, das sich beim Stehen bald nach unten absetzt.

Haltbarmachung des Tomatensaftes, trotz der üblichen Zugabe von Salz, nur durch ein kurzes Erhitzen auf 95 °C gewährleistet. Werden saure Fruchtsäfte dem Tomatensaft zugemischt, verliert er seine Eigenart.

Rhabarber

Rhabarbersaft findet in Fruchtsaftmischungen eine nützliche Verwendung, denn er enthält viel Säure. Neben Äpfelsäure findet sich auch Oxalsäure, die vor allem für kleinere Kinder in größeren Mengen nicht unbedenklich ist (Kalk wird im Körper ausgefällt). Beim Verschneiden mit anderen Säften fällt aber der größte Teil der Oxalsäure von selbst aus. Man kann die Oxalsäure auch durch Zusatz von kohlensaurem Kalk (1–2 g/l) zur Ausfällung bringen.

Unter der Schale haben die Rhabarberstängel lange Fasern. Da diese in der Mühle hängen bleiben, muss man die Stängel vor dem Mahlen in fingerlange Stücke schneiden. Ein Schälen ist nicht erforderlich. Rhabarbermaische lässt sich leicht pressen und die in Stücke geschnittenen Stängel lassen sich sehr gut dampfentsaften.

Sechs Grundregeln für die Verarbeitung von Früchten

Um wertvolle, genusstaugliche, gesundheitlich unbedenkliche Getränke zu erhalten und eine sichere Haltbarkeit zu erreichen, müssen vor allem die folgenden allgemeinen und grundsätzlichen Richtlinien befolgt werden:

1. Keine schlechten Früchte verwenden!

Auch mit den besten Verfahren und Geräten kann aus un- oder überreifen, unsauberen und kranken Früchten kein guter Saft und auch kein guter Wein entstehen. Bei der Bereitung dieser Getränke können keine Werte (außer dem Genussmittel Alkohol) geschaffen werden. Man kann nur die in den Früchten bereits vorhandenen Werte konservieren und veredeln.

2. Möglichst rasch arbeiten!

Im Augenblick der Ernte werden in den Früchten alle Aufbauvorgänge unterbrochen und der Abbau, das heißt die Wertminderung, beginnt. Fruchteigene Abbauenzyme werden aktiv und bauen zuerst gerade die wertvollsten Stoffe, wie Vitamine und Aromastoffe ab. Mikroorganismen, die überall vorhanden sind, beginnen mit Gärung und Schimmelbildung ihr Zerstörungswerk. Deshalb hat empfindliches Obst bereits am Tag nach der Ernte erheblich an Wert verloren. Man muss also nach Möglichkeit sofort mit dem Entsaften beginnen (Ausnahme: Nachreife bei Kernobst). Beim Waschen muss man so vorgehen, dass keine Verluste durch langes Auslaugen entstehen. Nach dem Zerkleinern soll man zügig weitermachen, bis beim Saft die Haltbarkeit erreicht ist oder beim Wein eine kontrollierte, flotte Gärung abläuft.

3. Sauerstoffeinwirkungen möglichst gering halten!

Sauerstoff ist der Hauptzerstörer von Vitaminen und anderen wertvollen Inhaltsstoffen der Früchte. Sobald die Haut oder Schale einer Frucht beschädigt wird, beginnt der Luftsauerstoff seine schädliche Einwirkung.

Es handelt sich um »enzymatisch gesteuerte Oxidationen«, das heißt die Sauerstoffübertragung wird von fruchteigenen Enzymen (Oxidasen) gesteuert. Außer einer Bräunung bei hellen Säften bewirken sie vor allem Verluste an Vitamin C und Aromaveränderungen bis zur Ungenießbarkeit. Deshalb muss die Sauerstoffaufnahme aus der Luft durch möglichst kurze Verarbeitungszeiten auf ein Mindestmaß beschränkt werden. Die zum Frischgenuss bestimmten Säfte sollten erst unmittelbar vor dem Trinken gewonnen werden.

Übermäßige Oxidation kann auch durch die richtige Anwendung von Antioxidantien verhindert werden. Von diesen Stoffen, die Sauerstoff an sich binden, eignet sich die L-Ascor-

Bei roten Johannisbeeren soll man mit dem Pflücken warten, bis auch die Früchte im Innern der Sträucher gleichmäßig rot sind.

binsäure (synthetisches Vitamin C) als völlig unbedenklicher Zusatzstoff. Kaliumpyrosulfit, ein Salz der schwefligen Säure, wird nur bei der Weinherstellung eingesetzt. Es ist bei zu hoher Dosis gesundheitsschädlich und sollte deshalb nur genau in den vorgeschriebenen Mengen verwendet werden.

4. Berührung mit Metallen vermeiden!

Fast sämtliche Metalle sind für Obsterzeugnisse schädlich. Ausgenommen sind nur: Aluminium, Edelstähle, sowie verzinnte, verchromte und versilberte Gegenstände. Die Verzinnung muss aus bleifreiem Zinn bestehen und darf keinesfalls schon abgenutzt sein. Emaillierungen müssen aus guter, bleifreier Spezial-Emaille sein. Emailgeschirr darf keine Risse und abgesprungene Stellen haben.

Die in den Früchten vorhandenen Säuren greifen die Metalle an und machen ihre Oberfläche blank und glänzend. Dabei entstehen aber lösliche Metallsalze, die in den Saft übergehen. Sie können zu hässlichen Verfärbungen, zu unangenehmen Geschmacksveränderungen, ja sogar zur Bildung von gefährlichen Giften führen. Bei der Weinbereitung können Metallverbindungen auch den Gärungsprozess stören.

Dass Blei sehr giftig ist und deshalb niemals mit Lebensmitteln in Berührung kommen darf, ist allgemein bekannt. Auch Zink geht mit Fruchtsäften giftige Verbindungen ein und färbt rote Säfte violett. Deshalb dürfen

Obst und Obsterzeugnisse keinesfalls in verzinkten Gefäßen aufbewahrt oder transportiert werden.

Bei Berührung mit Kupfer können Fruchtsäfte und -weine einen sehr unangenehmen Metallgeschmack annehmen. Bereits in Spuren bewirkt Kupfer katalytisch die Zerstörung von Vitamin C. Bei Erhitzung oder längerer Aufbewahrung von Fruchtsäften oder Weinen in Kupfergefäßen kann sich giftiger Grünspan bilden.

Messing ist eine Legierung von Kupfer und Zink. Deshalb ist es ebenso gefährlich.

Eisen bewirkt Metallgeschmack, Schwarzfärbung und Vitaminverlust. Man darf deshalb Obst und Säfte keinesfalls mit Eisen in Berührung kommen lassen. Freiliegende Eisenteile an Mühlen, Pressen und anderen Geräten müssen öfter mit Kelterlack (weißem Emaillack) gestrichen werden.

Zinn ist bei kurzer Einwirkung verwendbar. Bei längerem Kontakt verursacht es bei Beeren Blaufärbung.

Aluminium ist für die Zubereitung und für eine kurze Aufbewahrungszeit geeignet, nicht aber für ein längeres Stehenlassen, besonders bei sehr saueren Säften.

5. Hygienisch einwandfrei arbeiten!

Sauberkeit ist oberstes Gebot und Grundvoraussetzung für den Erfolg bei der Saft- und Weinbereitung. Gemeint ist dabei nicht so sehr die optische (sichtbare) Sauberkeit. Es kommt gar nicht darauf an, ob alles glänzt und blitzt. Entscheidend ist vielmehr die innere (mikrobielle) Reinheit, die nur unter dem Mikroskop sichtbar gemacht werden kann. »Hygienisch einwandfrei« bedeutet, möglichst keimarm zu arbeiten, alle schädlichen Mikroorganismen möglichst frühzeitig abzutöten oder an der Vermehrung zu hindern. Das weiß heute jeder, der mit Lebensmitteln umgeht.

6. Unnötig hohe Temperaturen und lange Heißhaltezeiten vermeiden!

Mikrobiologische Sauberkeit ist auch der erste Schritt zur Vermeidung von Hitzeschäden. Die Abtötung der Mikroorganismen durch Erhitzung auf 65 °C beruht auf einer Gerinnung ihres Zelleiweißes. Bei gleichbleibend hoher Temperatur wird in einer bestimmten Zeit immer nur die Hälfte der vorhandenen Mikroorganismen abgetötet. Daraus geht hervor: Je niedriger die Anfangskeimzahl ist, um so weniger Wärmebelastung (das heißt hohe Temperatur und Zeit, in der sie wirken muss) braucht ein Fruchtsaft zur Erreichung der sicheren Haltbarkeit.

Zu hohe Temperaturen und zu lange Heißhaltezeiten erhöhen die Vitamin- und Aromaverluste. Außerdem verursachen sie, besonders bei hellen Säften, eine unschöne Braunfärbung und Überhitzungsgeschmack.

Die wichtigen Mikroorganismen

Wer Fruchtsäfte, Fruchtweine oder Obstessig herstellen will, muss Mikroorganismen bekämpfen oder ihre Lebenstätigkeit steuern. Er muss deshalb ihre Lebensbedingungen und Vermehrungsweisen kennen:

Mikroorganismen sind unvorstellbar klein. Sie sind überall zu finden und treten in großen Massen auf. Deshalb sind sie auch massenhaft an den Früchten, sowie an allen Geräten, Apparaten, Gefäßen und an den Händen der Menschen. Sie vermehren sich außerordentlich schnell.

Für die Fruchtsaft-, Wein- und Essigbereitung sind vor allem Hefen, Schimmelpilze und einige säurebildende Bakterien wichtig.

Hefen

Sie vermehren sich durch Sprossung, das heißt, es bildet sich an einer Stelle der Hefezelle eine kleine Tochterzelle, die im Laufe von etwa ein bis zwei Stunden die Größe der Mutterzelle erreicht und ebenfalls vermehrungsfähig wird. Da sich auch die Mutterzellen immer weiter vermehren, werden in den folgenden Generationen aus einer Zelle: 2, 4, 8, 16 usw. Dies ergibt ein Wachstum, das sehr bald explosionsartig werden kann.

Durch Kälte oder Eintrocknen werden die Hefen nicht abgetötet, sondern können als Dauerformen jahrelang keimfähig bleiben und hohe Temperaturen aushalten. Kommen sie auf günstigen Nährboden, so vermehren sie sich bei günstigen Temperaturen weiter. Ihre Tätigkeit bewirkt die alkoholische Gärung, das heißt die Umwandlung von Zucker in Alkohol und Kohlendioxid, wobei kein Luftsauerstoff gebraucht wird (siehe Gärverlauf, Seite 85).

Die Alkoholgärung ist ein sehr komplizierter biochemischer Prozess, der sich aus einer langen Kette von Einzelreaktionen zusammensetzt. Jede Reaktion wird von einem anderen Enzym gesteuert.

Bei der Fruchtsaftherstellung sind natürlich alle Hefen schädlich. Eine beginnende Gärung in den gemahlenen Früchten (Maische) oder im Saft führt neben Zuckerverlust und Alkoholbildung auch zu unerwünschten Geruchs- und Geschmacksveränderungen. Dagegen muss schon von Anfang an vorgebeugt werden. Wohl können beim Pasteurisieren (siehe Seite 49) alle im Saft lebenden Hefen abgetötet werden, aber je geringer ihre Anfangszahl im Saft ist, desto weniger Wärmebelastung ist nötig, um sie restlos zu vernichten.

Auch bei der Weinbereitung sind längst nicht alle Hefen, sondern nur die »echten« Weinhefen erwünscht. Auf unserem einheimischen Obst, insbesondere dem Kernobst, sind aber meistens die an beiden Enden zugespitzten Apiculatushefen vorherrschend. Sie sind erheblich kleiner als

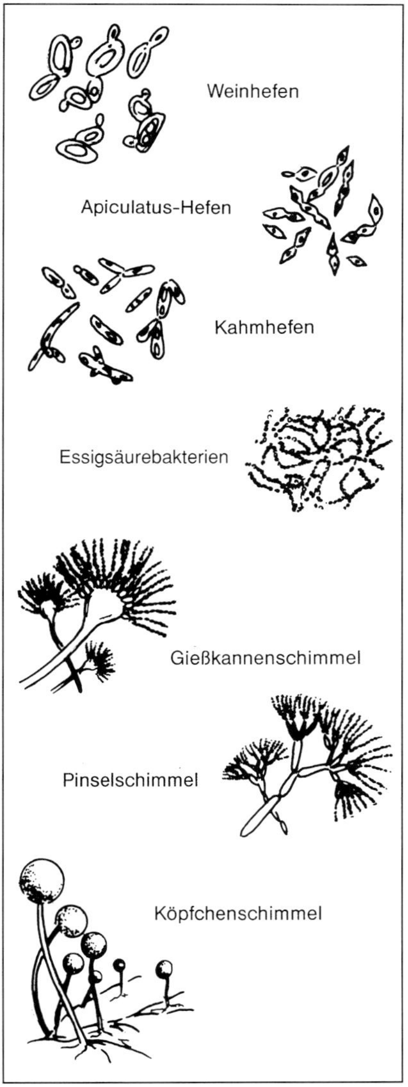

Hefen, Schimmelpilze und säurebildende Bakterien, die bei der Fruchtsaft- Wein- und Essigbereitung wichtig sind.

die Weinhefen und vermehren sich schneller. Sie unterdrücken die Weinhefen, bilden aber nur geringe Alkoholmengen (höchstens 6 %vol). Dagegen erzeugen sie reichlich Essigsäure sowie auch unangenehme Geruchs- und Geschmacksstoffe. Sie müssen deshalb bei der Fruchtweinbereitung durch Schwefelung und Anwendung von Reinzuchthefen (siehe Seite 82) in Schach gehalten werden.

Auch die sogenannten Kahmhefen siedeln sich auf der Schale von Früchten an und gelangen so in den Saft. Dort leben sie an der Oberfläche und bilden eine Haut (Kahmschicht). Sie sind aerob, also abhängig vom Luftsauerstoff. Außer Alkohol bilden sie auch Essigsäure. Typisch für die Kahmhefen ist ihre Fähigkeit, Fruchtsäuren zu Kohlendioxid und Wasser abzubauen.

Schleimhefen kommen nur bei Weinen, nicht bei Fruchtsäften vor. Sie sind mitverantwortlich für das »Zähwerden«. Besonders Kernobstweine, die wenig Säure enthalten, können von ihnen befallen werden.

Schimmelpilze

Für die Fruchtsaft- und Weinbereitung haben vor allem verschiedene Arten der Pinsel-, Gießkannen- und Köpfchenschimmel Bedeutung. Sie rufen einen muffigen, unangenehmen Geruch und Geschmack hervor, der die Getränke schließlich ungenießbar macht. Wie in schimmeligem Obst kann auch in mit Schimmelpilzen befallenen Fruchtsäften das äußerst gefährliche Pilzgift Patulin gebildet werden. Luftabschluss ist die wichtigste Vorbeugungsmaßnahme gegen

Schimmelpilze, denn sie sind vom Sauerstoff zwingend abhängig. Bei einem Alkoholgehalt von mehr als 4 %vol können sie nicht mehr leben.

Schimmelpilze vermehren sich durch Sporen, die mit dem bloßen Auge nicht zu sehen sind. Kaum schwerer als Luft, werden sie von jedem Windstoß fortgetragen. Fallen sie auf einen geeigneten Nährboden, so keimen sie aus und bilden ein feines Fadengeflecht, das Mycel. Aus diesem wachsen Stiele, an denen Sporenträger oder -kapseln mit Tausenden von Sporen gebildet werden. Diese sind oft schon nach einigen Stunden reif und lösen sich von ihren Trägern oder bringen die Kapseln zum Platzen. Werden sie von der Luftströmung an eine trockene Stelle geweht, so gehen sie nicht zu Grunde, sondern umgeben sich mit einer Art Wachsschicht, die sie vor dem völligen Austrocknen schützt. Überall, wo Saftreste eintrocknen, zum Beispiel in leeren Flaschen, Geräten, Schläuchen, setzen sich die Dauersporen fest. Da sie sogar stundenlanges Kochen überstehen können, sind sie nicht durch das bei der Haltbarmachung von Fruchtsäften übliche Erhitzungsverfahren (Pasteurisieren, siehe Seite 49) zu bekämpfen.

Pinselschimmel
Auf dem Fruchtsaft oder -wein wachsen rasch weiße, anfangs nur stecknadelkopfgroße »Stippe«, bis sie die ganze Oberfläche bedecken. Kommt Licht dazu, so wird dieser Pilzrasen blaugrün, später schwärzlich. Auch nicht sofort verarbeitete Früchte oder nicht genügend gereinigte Geräte und Behälter können sich in kurzer Zeit mit einem Pilzrasen überziehen.

Gießkannenschimmel
Sie bilden auf der Oberfläche von sauren Getränken einen weißen, grünen, braunen oder schwarzen Pilzrasen. Sie leben auch auf der Rinde von Korkeichen, gelangen mit nicht genügend entkeimten Naturkorken in die Weinflaschen und verursachen den unliebsam bekannten Korkgeschmack des Weines.

Köpfchenschimmel
Ihr weißes, wattebauschähnliches Mycel schwimmt mitten im Saft oder Wein, wird immer größer und sinkt nach einiger Zeit zu Boden. Bei einigen Arten schnüren sich die Pilzfäden ab und bilden Kugel- oder Mucorhefen. Diese vermehren sich ohne Sauerstoff durch Sprossung wie die Hefen. Sie bilden aus Zucker Alkohol, daneben organische Säuren und schlechte Aromastoffe.

Bakterien

In Fruchtsäften und -weinen können sich nur einige säurebildende Bakterienarten entwickeln. Sie erzeugen Essig-, Milch- und andere organische Säuren und können dadurch die befallenen Getränke geruchlich und geschmacklich unliebsam verändern. Sie bilden jedoch keine Dauerformen und können deshalb durch Pasteurisieren sicher abgetötet werden. Ihre Vermehrung erfolgt durch Teilung.

Essigsäurebakterien
Sie sind überall vorhanden, so auch auf den Schalen der Früchte. Werden diese faul oder beschädigt, dann beginnen die Essigsäurebakterien bereits ihre Tätigkeit und gelangen

beim Pressen in so großer Zahl in den Saft, dass es bei günstigen Temperaturen (25 bis 33 °C) zum Essigstich (stechender Geruch und kratzender Geschmack im hinteren Rachenbereich) kommen kann.

Bei einem Gehalt von mehr als 1 g/l ist die Essigsäure deutlich wahrnehmbar. Sie lässt sich auch nicht mehr aus dem Most oder Wein entfernen und ist für die Vermehrung der echten Weinhefen schädlich.

Essigsäurebakterien brauchen hauptsächlich Alkohol (Ethanol) als Nahrung. Sie wandeln ihn um in Essigsäure und brauchen für diesen Gärvorgang unbedingt Sauerstoff aus der Luft.

In Säften aus gesunden, unbeschädigten, sauberen Früchten sind die Essigsäurebakterien nur in geringer Zahl vorhanden und ihre Stoffwechseltätigkeit wird bei niedrigen Temperaturen (unter 15 °C) stark gehemmt. Alkohol in höherer Konzentration ist auch für die Essigsäurebakterien Gift: Bei etwa 10 bis 12 %vol Alkohol stellen sie ihre Tätigkeit ein.

Auch bei hohen Säuregehalten (über 10 g/l) und in geschwefelten Mosten wird ihre Tätigkeit weit stärker als die der Hefezellen gebremst. Durch Beachtung dieser Tatsachen lässt sich der Essigstich bei der Weinbereitung vermeiden, bei der Essigherstellung aber eine ungebremste Gärung und Essigsäurebildung erreichen (siehe Seite 97).

Milchsäurebakterien

Sie sind noch wärmeliebender als Essigsäurebakterien und gedeihen am besten bei 30 bis 50 °C. Sie treten während der Gärung besonders in säurearmen (Apfel-) Mosten auf. Eine Art wandelt Zucker in Milchsäure und Essigsäure um und erzeugt einen süßlich-sauren, an Sauerkraut erinnernden, ebenfalls kratzenden Geschmack. Das Getränk wird trüb, meistens auch dickflüssig (Milchsäurestich). Eine andere Art aber bewirkt den biologischen Säureabbau im reifenden Wein, indem sie Äpfelsäure in die mildere Milchsäure und Kohlendioxid aufspaltet.

Die Saftgewinnung

Es gibt für die Saftgewinnung eine ganze Reihe verschiedener Möglichkeiten und Verfahren, die auch ganz verschiedene Geräte erfordern. Wie schon bei der Beschreibung der einzelnen Fruchtarten ausgeführt wurde, lassen sich keineswegs alle auf die gleiche Art entsaften. Es sollten deshalb, um unnötige Geldausgaben zu vermeiden, zunächst folgende Fragen überdacht werden:

- Welche Früchte sollen entsaftet werden?
- Welche Früchte in größeren, welche nur in kleinen Mengen?
- Welche Geräte können im Haushalt auch für andere Zwecke mitbenutzt werden?
- Sind Haushaltsgeräte vorhanden, die auch für die Saftbereitung, eventuell durch Anschaffung geeigneter Vorsätze, genutzt werden können?
- Was kann mit Verwandten, Nachbarn, Freunden gemeinsam angeschafft, was kann gegenseitig ausgeliehen werden?
- Sollten bei größeren Obstmengen (vor allem bei Äpfeln) nicht besser die Dienste einer genossenschaftlichen oder privaten Lohnmosterei in Anspruch genommen werden?

Viele verschiedene Mostapfelsorten, in der Lohnmosterei angeliefert, geben dort zusammen die richtige Mischung für einen harmonisch schmeckenden Apfelsaft oder -wein.

Vorbereitung der Früchte

Waschen

Den Früchten haftet immer Erde, Staub und anderer Schmutz an, der meistens auch unangenehme Geruchs- und Geschmacksstoffe enthält. Auch durch Umweltgifte aus der Luft oder Rückstände von Pflanzenschutzmitteln können Früchte kontaminiert sein. Immer aber sind im Schmutz massenhaft Mikroorganismen eingeschlossen. Deren Zahl soll durch das Waschen möglichst weitgehend vermindert werden, damit nicht schon der Fruchtbrei (die Maische) und wenig später der frisch gepresste Saft zu gären anfängt. Dies wäre bei der Fruchtsaftherstellung schon deshalb unerwünscht, weil dann Alkohol entsteht. Aber auch bei der Fruchtweinbereitung ist die sogenannte Spontangärung nicht mehr willkommen, weil sie zu Geschmacksbeeinträchtigungen führen kann. Nur bei der Weinbereitung aus gesunden Trauben vom Weinberg fällt wegen erwünschter Spontangärung das Waschen weg (siehe Seite 80).

Hartfleischige Früchte, wie Äpfel, kann man ziemlich robust waschen, am besten in großen Bütten mit viel Wasser und einem harten Besen oder Schrubber. Nach dem Herausnehmen aus dem Waschwasser sollte man die Früchte nochmals mit frischem Wasser abspritzen und gut abtropfen lassen. Beim empfindlichen Beerenobst sind allerdings die Möglichkeiten einer gründlichen Reinigung ziemlich beschränkt. Hier erfolgt das Waschen am besten in einem Sieb durch mehrmaliges, kurzes Eintauchen in Wasser oder schonendes Abbrausen. Man sollte hier auf sauberes Pflücken achten. Vorteilhaft ist es, Früchte, an denen Sand haftet, getrennt zu ernten und nur diese zu waschen. Bei sauber geernteten Erdbeeren, Himbeeren und Brombeeren, die am empfindlichsten sind, kann ganz auf Waschen verzichtet werden. Sobald diese Früchte nämlich mit Wasser in Berührung kommen, setzt eine Diffusion ein, wobei nicht nur Saft verloren geht, sondern auch Wasser aufgenommen und der Saft dadurch verdünnt wird.

Auslesen, Entstielen

Alle für die Saftbereitung ungeeigneten Früchte, vor allem faule und schimmelige, müssen vor oder nach dem Waschen ausgeschieden werden. Entstielen ist vor allem nötig, wenn die Früchte für das Dampfentsaften vorbereitet werden sollen. Weil hier nicht gepresst, sondern extrahiert wird, werden auch aus Stielen (und aus Blättern) fremde Geschmacksstoffe herausgezogen und gelangen in den Saft, der dann nicht mehr so reintönig schmeckt.

Kaltentsaften

Entsaften mit der Schnecken-Fruchtpresse

Früchte mit weichem Fruchtfleisch, wie Himbeeren und Erdbeeren, kann man mit einem Kartoffelstampfer, Fleischklopfer oder ähnlichem Haushaltsgerät zerkleinern und den Saft durch ein Sieb oder Tuch zunächst ablaufen lassen und dann ausdrücken.

Ein Fleischwolf mit Fruchtpressvorsatz ist ein seit Jahrzehnten bewährtes Haushaltsgerät zum Kaltentsaften kleinerer Obstmengen.

In vielen Haushalten haben sich aber auch schon seit Jahrzehnten sehr viel wirksamere Verfahren für die Kaltentsaftung bewährt und verschiedene Geräte eingeführt. So war bereits unseren Großeltern ein Fruchtpressvorsatz zu dem fast in jedem Haushalt vorhandenen Fleischwolf bekannt. Dieser auch heute noch im Fachhandel erhältliche Vorsatz verlängert die Schnecke des Fleischwolfes, wobei die Windungen immer kleiner werden. Die Früchte werden beim Drehen der Schnecke zerquetscht. Der Saft fließt durch ein unten eingebautes Sieb oder einen Siebkorb, der die Schnecke umgibt, aus. Der Trester wird laufend ausgeschieden.

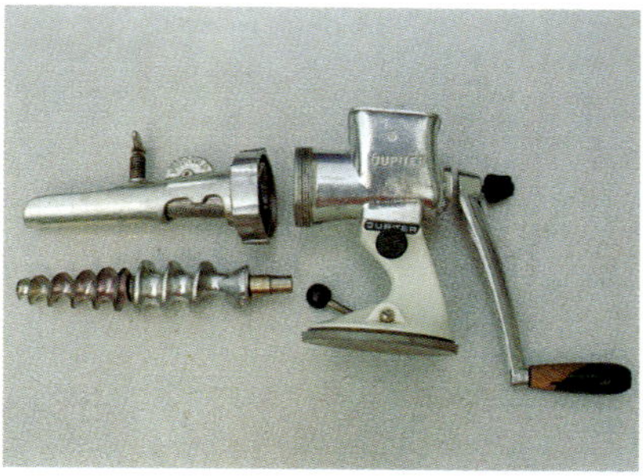

Fleischwolf mit Fruchtpressvorsatz aus Aluminium.

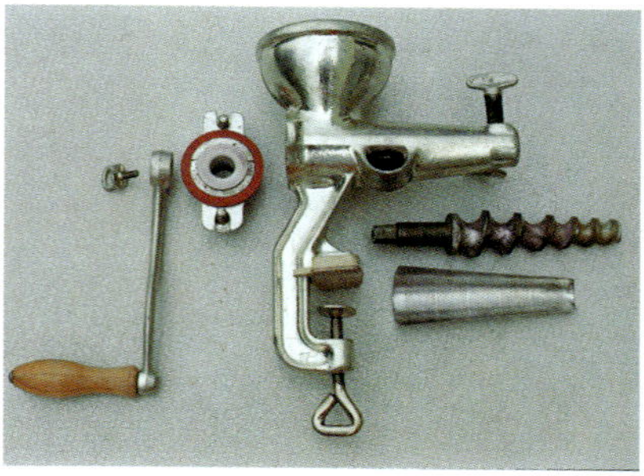

Spezial-Schnecken-Fruchtpresse aus feuerverzinntem Grauguss.

Die Presswirkung kann mit Hilfe einer Schraube eingestellt werden. Beim Zudrehen dieser Schraube verengt sich die Austrittsöffnung für den Trester, der Druck wird größer, der Trester trockener. Dadurch wird auch die Ausbeute höher, aber man erhält einen dicktrüben Saft.

Es gibt auch schon seit langem von Hand zu drehende Spezial-Schnecken-Fruchtpressen für den Haushalt, die genauso funktionieren, wie der Fleischwolf mit Vorsatz. Ebenfalls aus feuerverzinntem Grauguss hergestellt, sind diese Geräte sehr robust und eignen sich für die Entsaftung von rohen und gekochten Früchten. Leichtere italienische Fabrikate mit Aluminiumumhüllung sind dagegen hauptsächlich für die Herstellung von rohem Tomatenmark gebaut und für härtere Früchte nicht geeignet. Der Pressdruck wird bei ihnen durch eine Feder automatisch geregelt.

Man muss bei gusseisernen Geräten unbedingt auf eine gute Verzinnung achten. Ist diese, zum Beispiel bei älteren, viel gebrauchten Fleischwolfgeräten, schon abgenutzt und kommen dadurch Früchte oder Saft mit ungeschütztem Eisen in Berührung, so sind hässliche Saftverfärbungen und ein unangenehmer Eisengeschmack die unausbleibliche Folge (Aluminium ist unbedenklich, Edelstahl ist ideal).

Schneckenpressen sind für Beerenobst in nicht zu großen Mengen gut geeignet, nicht jedoch für Kern- und Steinobst, ebenfalls nicht für Trauben. Sie erfordern bei Handbetrieb erhebliche Muskelkraft. Aber es gibt auch hier Vorsätze für moderne elektrische Mehrzweck- oder Universal-Küchenmaschinen, die eine mühelose Saftgewinnung ermöglichen.

Die Geräte sind gleich nach Gebrauch auseinanderzunehmen und mit klarem Wasser zu reinigen. Dabei müssen, besonders in den Ecken, alle Saft- und Tresterreste entfernt werden, weil diese sonst zu gefährlichen Infektionsherden werden können. Hartnäckige Farbstoffflecken kann man mit einer Zitrone oder mit Zitronensäure abreiben. Nach dem Abspülen muss man alle Teile gründlich abtrocknen, wieder zusammenbauen und bei der Aufbewahrung vor Feuchtigkeit schützen.

Die »Braun-Multipress automatic MP 80« mit automatischem Tresterauswurf.

Entsaften mit der elektrischen Saftzentrifuge

Saftzentrifugen sind im Handel sowohl als Einzelapparate als auch als Zusatzgeräte (Arbeitsteile) zu den meisten Universal-Küchenmaschinen erhältlich. Sie arbeiten nach dem Prinzip der Zentrifugal- (Flieh- oder Schleuder-) kraft. Im unteren Teil einer elektrischen Saftzentrifuge ist der Motor untergebracht, der eine sehr hohe Umdrehungszahl hat. Im oberen Teil befindet sich eine Zerreißscheibe (Raffel) und ein Siebkorb (Trommel), die beide vom Motor angetrieben werden.

Die Früchte werden in einen Schacht gefüllt und mit einem Stößel gegen die umlaufende Zerreißscheibe gedrückt. Dabei werden sie zerkleinert und durch die Fliehkraft nach außen geschleudert. Die festen Bestandteile bleiben in der Trommel hängen, während der Saft durch die Löcher nach außen geschleudert wird. Zerkleinerung und Entsaftung erfolgen hier in einem Arbeitsgang.

Enthält der Saft zuviel Trub, was bei sehr weichem Obst der Fall ist, so kann in die Trommel zusätzlich ein Filterstreifen eingelegt werden, wodurch aber die Saftausbeute sinkt.

Bei den kleineren, einfachen Saftzentrifugen bleibt der Rückstand im Gerät. Dieses muss dann, nachdem etwa 1 kg Früchte entsaftet sind, abgestellt und die Trommel entleert werden. Die neueren, größeren, auch wesentlich teureren Saftautomaten schieben dagegen den Trester laufend über das schrägstehende Zentrifugensieb nach oben und werfen ihn selbsttätig in einen Tresterbehälter. Sie sind damit natürlich viel bequemer in der Handhabung und es können etwa 3 kg in einem Arbeitsgang entsaftet werden.

Die Anschaffung einer elektrischen Saftzentrifuge lohnt sich vor allem dann, wenn besonderer Wert auf Frischsäfte gelegt wird.

Am besten lässt sich festfleischiges Obst, also vor allem Kernobst, mit der Zentrifuge entsaften. Die Früchte müssen geviertelt und vom Kerngehäuse befreit werden. (Deshalb macht die Entsaftung größerer Mengen Äpfel viel Mühe.)

Steinobst muss entsteint werden. Die Stiele müssen bei Johannisbeeren, Kirschen und Erdbeeren entfernt werden.

Sehr weiche Früchte, wie Himbeeren und Erdbeeren, entsaften sich mit der Zentrifuge nicht so gut. Ohne Filterstreifen gibt es nur einen dickflüssigen, sehr fruchtfleischhaltigen Saft, mit Filterstreifen keine zufriedenstellende Ausbeute.

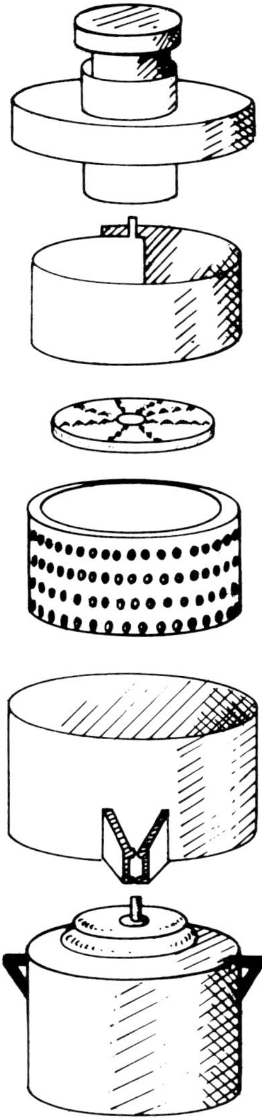

Aufbau einer Saftzentrifuge.

Die oberen Teile der Zentrifuge sind sofort nach Gebrauch zu reinigen, am besten unter fließendem Wasser. Der Motorblock darf, wie bei allen Küchenmaschinen, nur feucht abgewischt werden.

Keltern

Zur Entsaftung von größeren Mengen Kernobst und Weintrauben ist bis heute eigentlich nur das uralte, »klassische« Kelterverfahren mit Mühle und Presse zu empfehlen. Da die Neuanschaffung dieser Geräte aber mit sehr hohen Kosten verbunden ist, sollte zuvor überlegt werden, ob nicht die Einrichtung einer Gemeinschaftskelterei mitbenutzt werden kann.

Vielfach findet sich auch eine Lohnmosterei in der Nähe, die das angelieferte Obst gegen Entgelt abpresst. Dort bekommt man mit Hilfe von modernen, hydraulischen Großpressen eine viel höhere Ausbeute, spart sich viel Mühe und kann entweder den frischen Keltermost zur Apfelweinbereitung, oder auch gleich fertigen, haltbaren Saft in Flaschen mitnehmen. Er ist dann allerdings nicht von den eigenen Früchten.

Obstmühlen

Wer sich eine eigene, kleine Hobby-Kelterei einrichten und das eigene Obst auch selbst keltern möchte, muss zunächst das Problem der richtigen Mühle lösen. Keine Obstmühle eignet sich gleich gut für alle Früchte, vielmehr gibt es grundsätzlich zwei verschiedene Typen:

Beeren- und Steinobstmühlen besitzen zwei gegeneinanderlaufende Walzen, die aus Holz, Stein, Metall oder hochwertigem Kunststoff bestehen und meistens ein Profil besitzen. Die

Die klassische, alte Beerenmühle mit zwei gegeneinander laufenden Walzen ist noch keineswegs überholt.

Früchte werden zwischen den Walzen nur gequetscht. Die Walzen sollten verstellbar sein, damit sie der jeweiligen Fruchtgröße angepasst werden können. Ihr Abstand voneinander ist so zu regulieren, dass keine unzerdrückten Beeren zwischen ihnen hindurchschlüpfen können, da diese in der Presse auch bei hohem Druck nicht entsaftet werden. Bei Sauerkirschen werden die Walzen zunächst weit gestellt, dann aber (bei etwa 10 bis 20 % der Früchte) so eng, dass auch die Steine geknackt werden (wegen dem Bittermandelaroma).

Für Kernobst, das zu einer körnigen Maische geraspelt werden muss, eignen sich am besten Stiftenwalzen-, Reibemantel-, Fräs- oder Rätzmühlen. Die Maische darf nicht zu fein sein und muss noch etwa erbsengroße Fruchtstückchen aufweisen, sonst gibt es Schwierigkeiten beim Pressen. (Ein Küchenmixer zerschlägt zum Beispiel das Obst zu einem homogenen Mus, aus dem sich der Saft durch Pressen nicht mehr abtrennen lässt.)

Um nicht zwei verschiedene Mühlen anschaffen zu müssen, bleibt für

Oben links: Kleinkelter, Korb mit Pressstück ausgelegt, über der Presse Walzenmühle mit Vorzerkleinerer für Kernobst, Einfüllkasten abgenommen.

Oben rechts: Dieselbe Kelter beim Pressvorgang mit mechanischem Hebeldruckwerk. Die Mühle ist ausgeschwenkt.

Unten links: Packpresse mit hydraulischem Hebeldruckwerk unter dem Presstuch, darüber in Presstuch eingepackte Maische und Holzlattenrost.

Unten rechts: Hydropresse, arbeitet mit Wasserleitungsdruck (siehe auch Schnittzeichnungen auf Seite 42).

W. WAHLER
W. WAHLER

RINK

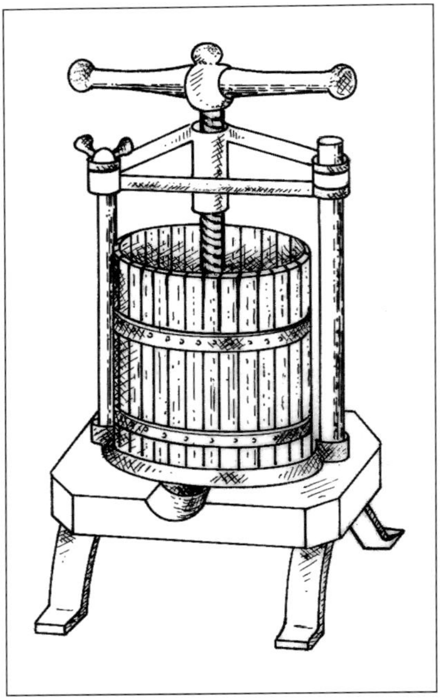

Kleinkelter mit einfacher Spindel

die Hobby-Kelterei nur die kleine »Universal-Obstmühle« übrig, die eine Kombination der beiden beschriebenen Typen darstellt. Die größeren Früchte werden hier zuerst von Edelmetallstacheln vorzerkleinert und fallen dann auf zwei gegeneinanderlaufende Walzen, die sie zerquetschen.

Korbpressen

Sehr praktisch sind Kleinkeltern, bei denen die Mühle schwenkbar über der Presse angeordnet ist, so dass die Maische gleich in die Kelter fällt.

Als Pressen kommen für die Hobby-Kelterei meistens nur mechanische Korbspindelpressen in Betracht. (Ungeeignet sind Pressen, bei denen die eiserne Spindel mitten in der Maische steht). Die Maische wird in einen Presskorb eingefüllt, in den man vorher ein Presstuch einlegt, damit der Fruchtbrei nicht durch die Latten des Korbes quillt.

Die Spindelpresse sollte ein Hebeldruckwerk besitzen, das ein kräftesparendes Arbeiten ermöglicht. Dabei wird mit Hilfe einer sinnvoll ausgedachten Mechanik nach dem Hebelgesetz ein großer Druck erzeugt. Von oben nach unten presst dann eine Platte die Maische zusammen und bringt den Saft zum Auslaufen. Die Pressung darf nicht zu schnell erfolgen, damit der Saft zum Ablaufen Zeit hat und nicht herausspritzt. Sie ist beendet, wenn der Saft nur noch langsam tröpfelt. Der Rückstand (Tresterkuchen) fühlt sich dann ziemlich trocken an.

Eine Nachpresse lohnt sich vor allem bei Beerenobst. Dazu wird der Presskuchen herausgenommen, wieder zerkleinert und aufgelockert. Man gibt etwas heißes Wasser hinzu, lässt ihn ein bis zwei Stunden auslaugen und presst dann noch einmal ab. Die zweite Ausbeute wird am besten gleich mit der ersten vermischt.

Packpressen

Bei ihnen wird die Maische in dünnen Schichten (etwa 5 cm) in Presstücher eingepackt und in mehreren Lagen mit dazwischenliegenden Rosten aufgestapelt. Die (Holz- oder Aluminium-) Roste wirken als Ablauf-

Eine alte Korbpresse mit mechanischem Hebeldruckwerk. Sie leistet immer noch gute Dienste bei der Gewinnung von Apfelmost (siehe auch die Farbfotos auf den Seiten 1 und 2).

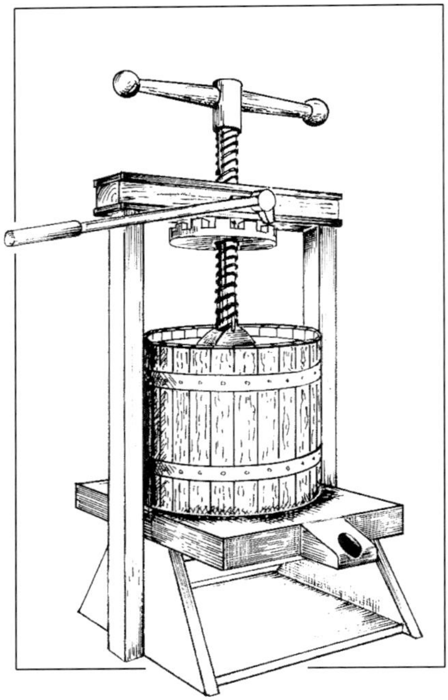

Korbspindelpresse mit mechanischem Hebeldruckwerk.

Packpressen mit zwei auswechselbaren Pressbieten bringen etwa die doppelte Pressleistung. Es gibt auch elektrisch angetriebene, hydraulische Kleinpackpressen, bei denen die schwere Pressarbeit durch Motorkraft (mit automatischer Abschaltung) geleistet wird.

Hydropressen
Eine interessante Neuheit sind die Wasserdruck-Gummibalgpressen (Hydropressen). Hier kommt die Maische in einen aufrechtstehenden, mit kleinen Löchern versehenen Edelstahlzylinder (Inhalt 20 oder 40 l).
In diesem befindet sich ein Gummisack, der mit Hilfe des normalen Leitungsdrucks (mindestens 3 bar) mit Wasser gefüllt wird. Dadurch wird die Maische von innen nach außen an die rinnen für den ausgepressten Saft. Zusammen mit der dünnen Schichtung bewirkt dies eine höhere Ausbeute, so dass eine Nachpresse nicht mehr erforderlich ist. Da der Saft leichter abläuft, kann man mit der Packpresse auch viel schneller pressen. Nachteilig ist allerdings, dass das Ein- und Auspacken der Presstücher viel mehr Arbeit erfordert als das Füllen und Entleeren des Korbes. Auch erfordern die Presstücher sehr sorgfältige Pflege.

Korbspindelpresse mit aufgesetzter Mühle.

gesamte Fläche der Zylinderwand gepresst. Der Saft kann durch die Löcher nach unten abfließen und von einer rings um den Zylinder laufenden Sammelrinne in ein untergestelltes Gefäß geleitet werden. Nach dem gleichen Prinzip arbeitet auch eine kleine Hydropresse mit nur zwei Liter Korbinhalt, die in einen Plastikeimer eingehängt wird.

Beim Mahlen und Pressen ist auf Sauberkeit der Geräte größter Wert zu legen. Reste von Obst und Trestern müssen gründlich entfernt werden, besonders aus Ecken und Fugen. Alle Holz- und Metallteile müssen mit heißem Wasser gründlich gereinigt werden. Blankes Eisen, das mit Obst oder Saft in Berührung kommen kann, muss stets mit Kelterlack sorgfältig überstrichen werden. Die Presstücher müssen nach Gebrauch gewaschen, ausgewrungen und luftig aufgehängt werden. Jede Unsauberkeit und Nachlässigkeit kann zu Brutstätten für Essigsäurebakterien und Schimmelpilze führen, die sich verheerend auf die Saftqualität auswirken.

Die Maische von pektinreichen und dunkelfarbigen Früchten (vor allem von Schwarzen Johannisbeeren) muss zur Erhöhung der Saft- und Farbausbeute vor dem Pressen noch aufgeschlossen werden. Dies geschieht entweder durch kurzes Erhitzen auf etwa 70 bis 80 °C (auch Zusatz von kochendem Wasser ist möglich) oder durch Behandlung mit pektinspaltendem Enzym (Antigeliermittel). Enzympräparate sind bei Temperaturen von 40 bis 50 °C am wirksamsten. Bei niedrigeren Temperaturen sind längere Einwirkungszeiten oder größere Enzymmengen erforderlich. Bei höheren Temperaturen werden die Enzyme geschädigt und schließlich völlig inaktiviert. (Näheres ist bei den Gebrauchsanleitungen der Enzympräparate angegeben.)

Während des Pressens und der Weiterverarbeitung oxidieren die Säfte durch Berührung mit Luft (-Sauerstoff), was zu Bräunung und Vitaminverlusten führt. Dies kann durch Zugabe von 0,2 bis 0,4 g Vitamin C (L-Ascorbinsäure) pro Liter Maische gleich nach dem Mahlen verhindert werden. Auf jeden Fall müssen Waschen und Mahlen des Obstes, sowie Abpressen der Maische, möglichst rasch hintereinander folgen, damit Maische und Saft nicht länger als nötig mit Luft in Berührung sind.

Die Pressrückstände, Trester genannt, eignen sich sehr gut zum Kompostieren. Wenn man beim Aufsetzen etwas Kalk dazwischenstreut, erfolgt eine optimale Umsetzung zu einem wertvollen organischen Gartendünger.

Frostentsaften

Durch Gefrieren lassen sich kleinere Mengen von weichfleischigen Früchten, vor allem Weintrauben, Beeren und Sauerkirschen, ohne weiteren Apparateaufwand bequem entsaften. Die sauberen, entstielten Früchte werden in einen Gefrierbeutel gefüllt und eingefroren. Weil sich das in den Zellen und Zellzwischenräumen befindliche Wasser beim Gefrieren ausdehnt (aus 10 l Wasser werden 11 l Eis), wird die Zellstruktur zerstört. Vor dem Auftauen wird der Eisblock in ein Sieb gegeben oder die Beutel werden unten mit einer Stricknadel siebartig durchlöchert und über einem Gefäß aufgehängt. Der Saft läuft dann

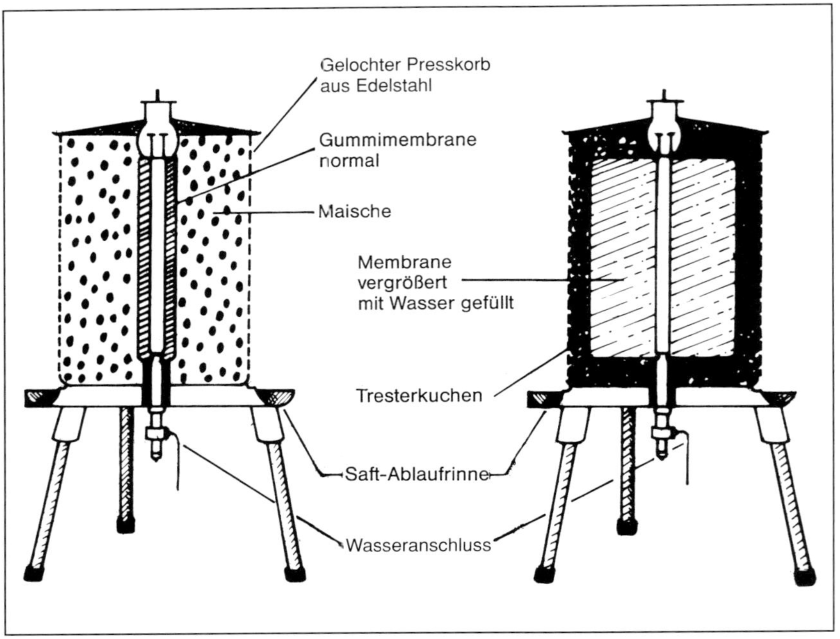

Schnitt durch die Speidel-Hydropresse.
Links: Gummimembrane normal, ohne Wasserfüllung. Rechts: Membrane vergrößert, mit Wasser gefüllt.

während des Auftauens zum größten Teil von selbst ab. (Bei pektinreichen Früchten kann noch Antigeliermittel zugesetzt werden.) Die Rückstände lassen sich leicht in einem Säckchen mit der Hand ausdrücken.

Hartfleischige Früchte lassen sich mit dieser Methode zumindest so weich machen, dass das Zerkleinern mit einer Mühle überflüssig wird.

Heißentsaften

Ein Notbehelf

Ein behelfsmäßiges, primitives Heißentsaftungsverfahren wird im Haushalt schon seit vielen Generationen angewendet: Man dreht einen Küchenhocker mit der Sitzfläche nach unten, bindet ein sauberes grobmaschiges Baumwoll- oder Leinentuch mit den vier Enden locker an je einem Stuhlbein an und stellt eine große Schüssel darunter. Dann gießt man die mit Wasser aufgekochten Früchte (Beeren oder in Stücke geschnittene Äpfel) in die entstandene Mulde.

Man kann auch die heiße Maische in einen Sack schütten, diesen zubinden und an einem Besenstiel, der auf die Lehnen von zwei Küchenstühlen gelegt wird, aufhängen.

Wenn nicht gepresst wird, fließt der Saft klar in das daruntergestellte Gefäß. Durch Pressen von Hand erhält man natürlich eine größere Ausbeute, aber trüben Saft. Diese Art der Saftgewinnung wird auch heute noch oft zur Geleebereitung angewendet. Sie ist jedoch unergiebig (es sei denn, man verwendet die Rückstände zu Kompott oder dergleichen).

Selbsthergestellter Dampfentsafter
In einen Einkochtopf (Durchmesser etwa 30 cm) gibt man etwa 10 cm hoch Wasser, legt einen passenden Rost hinein und stellt eine zweite, im Durchmesser nur wenig kleinere, etwa 3 bis 4 l fassende Schüssel darauf. Danach hängt man ein grobmaschiges Leinen- oder Baumwolltuch (etwa 80 mal 80 cm) trichterförmig in den großen Topf und bindet es mit einer Schnur außen herum fest. Nun füllt man die Früchte in das Tuch, setzt den Deckel auf, löst die Schnur und bindet zum Schluss die vier Tuchenden kreuzweise über dem Deckel zusammen.

Auch diese Methode ist nur ein Notbehelf: Das Tuch hat nur ein geringes Fassungsvermögen, ein undicht schließender Deckel führt zu Dampfverlust und unangenehmem Schwitzwasser in der Küche. Zu lange Hitzeeinwirkung führt zu Qualitätsverlust und auch die Saftausbeute ist nicht zufriedenstellend. Außerdem ist das ganze selbstgebastelte Gerät ziemlich unpraktisch in der Handhabung und man kann sich leicht verbrühen.

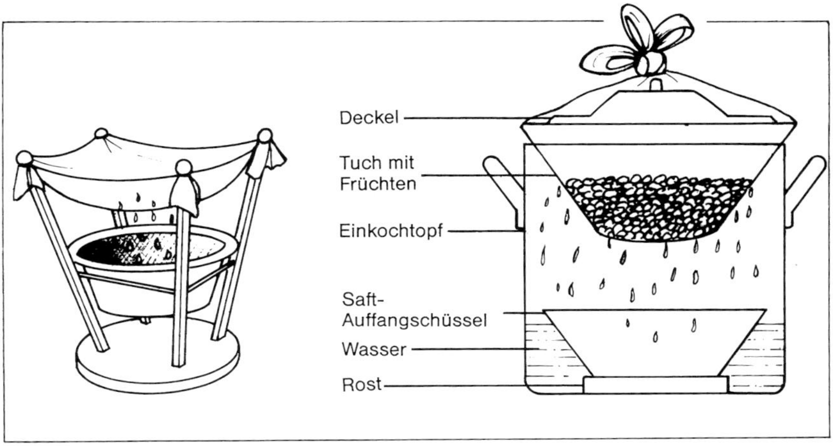

Links. Behelfsmäßiges Entsaften mit Seihtuch, Schüssel und Hocker.
Rechts: Dampfentsaften mit Einkochtopf, Seihtuch und Schüssel.

Dampfentsaften mit verschiedenen Apparaten

In allen Geschäften, die Haushaltswaren führen, gibt es ein vielfältiges Angebot von Dampfentsaftern, die so konstruiert sind, dass die vorgenannten Nachteile vermieden werden können.

Einsatzentsafter

Sie bestehen aus einem Saftbehälter und einem Fruchtkorb, die in einen Einkochtopf oder -automaten eingehängt werden. Der Vorteil dieser Geräte ist ihre mehrfache Verwendungsmöglichkeit. Ein Nachteil, insbesondere bei älteren Einsätzen, ist die recht umständliche Saftentnahme, die beim Einfüllen in Flaschen Schöpflöffel und Trichter erfordert.

Der neue »Weck-Dampfdüsenentsafter« ist dagegen einfach in der Handhabung. Die Einsätze sind aus hochwertigem lebensmittelgerechtem Kunststoff, der den Saft nicht verändert und auch von den Fruchtsäuren nicht angegriffen wird. Auch die Saftfarben haften nicht an, so dass alles ganz leicht zu reinigen ist. Der Kunststoff, aus dem auch der Deckel besteht, wirkt wärmeisolierend und

Oben: Automatik-Einkochtopf von Weck mit eingebauter Entsafterschaltung und Trockengehschutz.

Mitte: Dazugehöriger, zweiteiliger Saftgewinner-Einsatz aus lebensmittelgerechtem Kunststoff mit Henkel und Ausgießtülle.

Unten: Ältere, dreiteilige Dampfentsafter, auseinandergenommen. Rechts aus Aluminium, links aus spezial-emailliertem Stahl.

dampfabdichtend. Saftbehälter und Fruchtkorb sind so gebaut, dass für den aufsteigenden Dampf nur ein enger Durchgang bleibt und so eine »Düse« entsteht. Dadurch erhöhen sich der Druck und die Temperatur des Dampfes, wodurch auch die Entsaftung wesentlich beschleunigt wird. Der Saftbehälter besitzt außerdem einen Tragebügel und einen Gießschnabel, wodurch das Entleeren und das Heißeinfüllen in Flaschen sehr erleichtert werden.

Aufsatzentsafter
Sehr vorteilhaft ist der »Nahrath-Fruchtsafter-Aufsatz«. Er ist aus spezial-emailliertem Stahl und schließt beim Aufsetzen auf den Einkochtopf mit Hilfe eines Kunststoffringes dicht ab. Auch der Deckel ist aus wärmeisolierendem Kunststoff, so dass Energieverluste weitgehend vermieden werden. Ein Auslauf am Saftbehälter ermöglicht die Saftabfüllung mit einem Schlauch.

Einkochautomaten
Ein passender Einkochautomat (Einkochtopf mit eingebauter Heizung und Thermostat) ist die ideale Ergänzung, sowohl für die Einsatz- als auch für die Aufsatz-Entsafter. Er spart Energie (Strom), weil die Heizung unmittelbar auf das Wasser wirkt und ist auch zum Pasteurisieren vielseitig verwendbar. Für die Fruchtsaftgewinnung wird der Thermostat auf die Endstufe »Entsaften« geschaltet, wodurch ein dauerndes Kochen mit genügend starker Dampfbildung erreicht wird. Man muss unbedingt darauf achten, dass immer Wasser im Einkochtopf ist, damit dieser nicht »trockengeht«.

Mehrteilige Dampfentsafter
Weitverbreitet sind auch die vollständigen, mehrteiligen Dampfentsaftungsapparate mit Abfüllvorrichtung. Aus Aluminium sind sie recht billig, aus spezial-emailliertem Stahl schon wesentlich teurer, aus Edelstahl sind sie ein idealer Luxus mit entsprechenden Preisen.

Der »Multitopf«
Eine interessante Neuerung aus Edelstahl ist der »Multitopf« der Firma Kreck. Dieser Entsafter bildet ein ge-

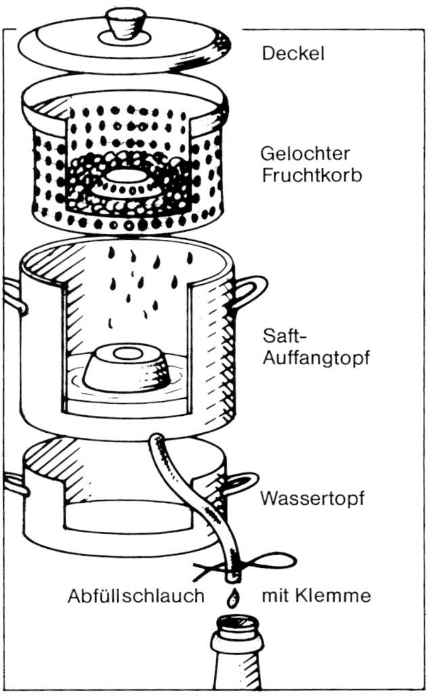

Schnitt durch den mehrteiligen Dampfentsafter.

Der Elektro-Einkocher der Firma Nahrath dient hier zum Erhitzen der Flaschen, während in den Fruchtsafter-Aufsatz Brombeeren eingefüllt werden.

schlossenes System, denn der Deckel ist mit einem Dichtungsring versehen und verschließbar. Der Dampfdruck wird von einem »Sanftdruck-Ventil« reguliert. Für einen Entsaftungsvorgang werden nur etwa 2 l Wasser benötigt. Der Saft wird also nicht wesentlich verdünnt. Der Dampf bleibt im Topf und wirkt mit leichtem Druck auf das Füllgut ein. Das bedeutet kürzere Entsaftungszeiten und Energieeinsparung. Von dem leichten Druck wird der Saft durch ein Edelstahlrohr nach oben gedrückt und kann mit Hilfe eines Schlauches und einer Klemme abgefüllt werden. Topf und Abfüllflasche befinden sich dabei auf gleicher Ebene. Dies ermöglicht ein bequemes, sauberes und sicheres Arbeiten.

Der Multitopf kann im Haushalt für viele Zwecke eingesetzt werden, auch beim Pasteurisieren von Fruchtsäften nach verschiedenen Verfahren (siehe Seite 49).

Das Funktionsprinzip

Das Funktionsprinzip ist bei allen Dampfentsaftern das gleiche, man nennt es »Extraktion«:

Im untersten Topf wird Wasser zum Sieden gebracht. Der entstehende Dampf steigt durch die erhöhte Öffnung in der Mitte des Saftauffangtopfes nach oben. Er dringt durch die Löcher des Fruchtkorbes in die Früchte ein, bringt deren Zellen zum Platzen und entzieht den Saft (»extrahiert« ihn). Der Saft fließt verhältnismäßig klar ab, wird im Saftauffangtopf gesammelt und heiß auf Flaschen gefüllt.

Der Arbeitsablauf

Die Früchte werden gewaschen und, soweit notwendig, entstielt. Saftarme Früchte müssen vorher gründlich zerkleinert, Hagebutten sollen sogar noch zusätzlich über Nacht in Wasser eingeweicht werden. Pfirsiche und Aprikosen werden auseinandergeschnitten und entsteint (sonst Blausäureabspaltung, Vergiftungsgefahr!). Ist ein leichter Bittermandelgeschmack erwünscht, so können einige Steine im Fruchtkorb oben aufgelegt werden. Dagegen ist ein Entsteinen bei Sauerkirschen und Schlehen nicht erforderlich.

Es ist vorteilhaft, die Früchte etwa zwei Stunden vor dem Entsaften mit etwa 60 bis 100 g Zucker je kg Frucht (je nach natürlichem Zuckergehalt) zu vermischen. Das erhöht nicht nur die Saftausbeute, sondern der Zucker bindet auch die wertvollen Aromastoffe und trägt wesentlich zu ihrer Erhaltung bei. Beim späteren »Trinkfertigmachen« (siehe Seite 65) ist der schon erfolgte Zuckerzusatz natürlich mitzurechnen.

Die Entsaftungszeit beträgt, vom Kochpunkt an gerechnet, je nach Fruchtart und Gerät 25 bis 45 Minuten, höchstens eine Stunde, da sonst der Geschmack beeinträchtigt wird. Das Wasser soll dauernd und gleichmäßig kochen: So stark, dass genügend Dampf erzeugt wird, aber nicht zu stark, damit nicht unnötig Dampf entweicht und das Kochwasser völlig verschwindet.

Das Abfüllen kann schon während des Entsaftens erfolgen, man erhält aber dann keine einheitliche Saftqualität, weil zum Ende hin der Saft immer stärker verdünnt und in seiner Zusammensetzung schlechter wird.

Nach dem Abschalten der Heizung soll der Entsafter noch längere Zeit geschlossen stehen bleiben, bis der Dampf kondensiert und alles abgekühlt ist. Dann tropft noch allerhand Saft heraus und man erhält die volle Ausbeute.

Ganz zum Schluss kann man die Früchte noch mit einem Kochlöffel etwas umrühren und zerdrücken. Dann wird der Saft aber gleich sehr trübe.

Funktionsprinzip des Multitopfes als Dampfentsafter mit abklemmbarem Saft-Steigrohr.

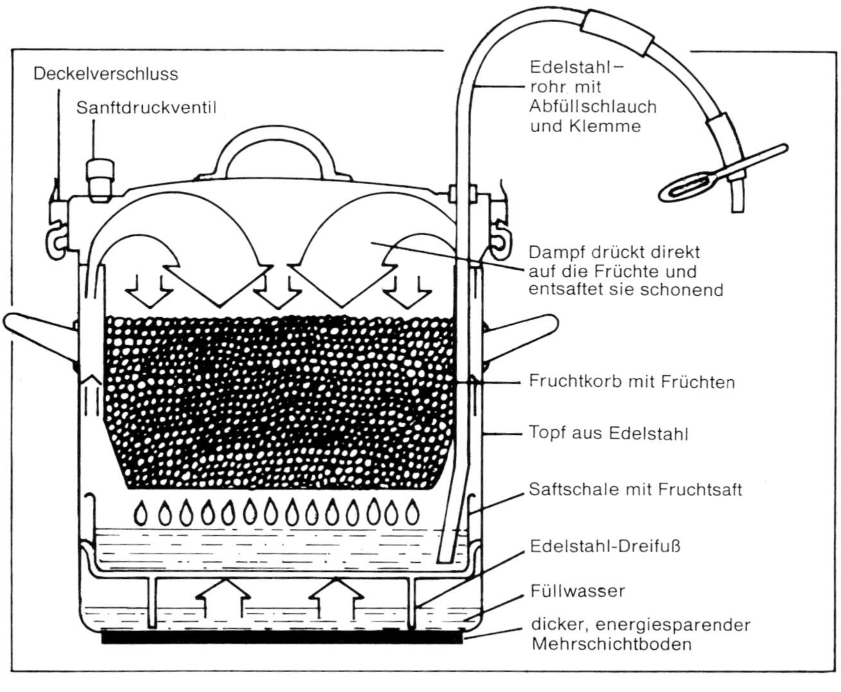

Vor- und Nachteile des Dampfentsaftens

Dampfentsaften empfiehlt sich bei pektinreichen und farbintensiven Früchten, die den heißen Wasserdampf benötigen, um zur Saft- und Farbstoffabgabe richtig aufgeschlossen zu werden. Dies sind alle Beerenobstarten, besonders die Schwarzen Johannisbeeren.

Dampfentsaften empfiehlt sich nicht bei Kernobst, weil hier die Ausbeute schlecht ist und der Saft auch geschmacklich nicht zusagt. Auch bei Steinobst, mit Ausnahme der Sauerkirschen, erhält man oft keine befriedigende Ausbeute.

Manche Fruchtweinbereiter lehnen das Dampfentsaften ab, weil im Saft alle Mikroorganismen, auch die echten Weinhefen, abgetötet und die safteigenen Enzyme inaktiviert werden (siehe Seite 73).

Beim Dampfentsaften wird der Saft durch Wasseraufnahme (meistens 10 bis 15 %) verdünnt. Dies ist aber in den meisten Fällen, vor allem bei Beerenfrüchten, erwünscht, um einen zu hohen Säuregehalt herabzusetzen. Durch die kurze Zeit bis zur Erreichung des Kochpunktes und den weitgehenden Ausschluss von Luftsauerstoff (er wird durch den Wasserdampf verdrängt) sind die Wertverluste, vor allem an Vitaminen und Aromastoffen, verhältnismäßig gering. Dies gilt vor allem für die neuen, gut durchdachten Apparate. Hier sind die Entsaftungszeiten schon bei leichtem Überdruck wesentlich kürzer und der (Luft-)Sauerstoff wird fast völlig ausgeschlossen, was sich sehr günstig auf die Saftqualität auswirkt.

Zweifellos hat das Dampfentsaften die folgenden, großen Vorteile:

- Die Saftgewinnung erfolgt ohne große Mühe und körperliche Anstrengung,
- die Beschaffung der benötigten Geräte ist erschwinglich,
- die gewonnenen Säfte laufen verhältnismäßig klar ab,
- die heiß auslaufenden Säfte sind praktisch keimfrei und können direkt in die Flaschen abgefüllt werden.

So kann beim Dampfentsaften ein qualitativ zufriedenstellender Saft gewonnen und gleichzeitig in einem Arbeitsgang auch sicher haltbar gemacht werden.

Haltbarmachen der Säfte

Grundsätzliches

Auch der im Kaltverfahren gewonnene Saft muss so schnell wie möglich haltbar gemacht werden, damit aus der Luft hineingelangte Mikroorganismen ihn nicht verderben können. Die Haltbarmachung erfolgt bei Fruchtsäften meistens durch Pasteurisieren. Benannt wurde dieses Verfahren nach dem französischen Forscher Louis Pasteur, der dafür die wissenschaftlichen Grundlagen schon um 1860 schuf. Er gab damals als Rezept für die sichere Abtötung von unerwünschten Hefen und Essigsäurebakterien in sauren Getränken (Rotwein) an: »Mindestens 30 Minuten lang auf mindestens 65 °C erhitzen!« Deshalb bedeutet Pasteurisieren auch heute noch: Schonende Haltbarmachung von Lebensmitteln durch Wärmebehandlung unter 100 °C. Inzwischen wurde erkannt, dass der Erfolg der Haltbarmachung in gleichem Maße sowohl von der Temperatur, als auch von der Erhitzungsdauer abhängt. Die Abtötung von Mikroorganismen erfolgt in Sekundenschnelle, wenn man mit der Temperatur wesentlich höher geht. In der Lebensmittelindustrie wendet man deshalb heute außerordentlich schonende Verfahren wie Kurzzeiterhitzung und Ultrapasteurisation mit aseptischer Abfüllung an, die aber nur mit einem sehr komplizierten und kostspieligen Apparate-Aufwand im Großbetrieb möglich sind.

Für das Pasteurisieren von Fruchtsäften im Haushalt gilt: Man erhitzt den Saft so schnell wie möglich auf etwa 72 °C (nur Tomatensaft wird auf 95 °C erhitzt), wodurch die in ihm lebensfähigen Wuchsformen aller Mikroorganismen in etwa 20 Minuten abgetötet werden. Sie gehen zu Grunde, weil ihr Zelleiweiß gerinnt.

Nun muss aber unbedingt vermieden werden, dass der Saft noch einmal mit Mikroorganismen in Berührung kommt, denn nur dann bleibt er haltbar.

Außer der sicheren Haltbarkeit muss man natürlich immer auch die möglichst vollständige Erhaltung der Wertstoffe im Auge behalten. Im Folgenden werden die in vielen Haushalten langjährig erprobten Verfahren in ihrer praktischen Durchführung beschrieben. Wenn man sich an diese Anleitungen hält und dabei das hier grundsätzlich Gesagte genau überdenkt, wird der Erfolg nicht ausbleiben.

Auswahl und Vorbereitung der Flaschen und Verschlüsse

Glasflaschen

Glas ist geschmacklich neutral, luft- und aromadicht, säurefest und hitzebeständig (nur »Temperatursprünge« über 30 °C verträgt normales Flaschenglas nicht). Normale Weinflaschen lassen sich leicht reinigen, trans-

Weck-Rundrandsaftflaschen mit weiter Öffnung und Glasdeckel.

portieren und lagern. Sie sind auch sehr leicht zu beschaffen, wo täglich Millionen von »Einwegflaschen« in den Glascontainern oder gar noch im Müll landen.

Dunkles Glas (grün oder braun) hält Lichtstrahlen (vor allem UV-Licht) zurück, die die Farb- und Aromastoffe schädigen und auch das Vitamin C zerstören. Wenn die schöne Farbe der Fruchtsäfte und -weine aber schon in der Flasche erkennbar sein soll, so kann auch in Klarsichtflaschen (Weißglas) gefüllt werden. Man muss dann nur den Inhalt bei der Lagerung vor Lichteinwirkung schützen (dunkler Raum oder abdecken).

Kompliziert geformte Flaschen, zum Beispiel Likörflaschen oder Sektflaschen mit eingezogenem Boden, sind schwer zu reinigen. Flaschen, in denen einmal Öl oder ölähnliche Flüssigkeiten waren, sind für immer untauglich.

In letzter Zeit werden von der Getränkeindustrie massenhaft Fruchtsäfte in Weithals-Einweg-Flaschen mit dem sogenannten »Twist-off-Verschluss« (Bajonettverschluss) auf den Markt gebracht. Diese lassen sich für die Saftpasteurisation im Haushalt sehr gut wieder verwenden. Man muss nur darauf achten, dass der im Deckel eingearbeitete Gummiring noch völlig in Ordnung ist. Im Handel sind auch die formschönen Weck-Rundrandsaftflaschen mit weiter Mündung, Glasdeckel, Gummiring und Klammer. Sie sind sehr bequem und sicher in der Handhabung, sowohl beim Heißeinfüllen als auch beim Erhitzen in den Gläsern. Sie funktionieren nach dem bekannten »Einweck-Prinzip« und lassen sich immer wieder verwenden.

Hat man die Flaschen selbst in Gebrauch, dann sollte man sie gleich nach dem Leerwerden kurz mit Wasser ausschwenken. Saft- und Trubreste lassen sich dann leicht entfernen und man spart bei der Reinigung viel Arbeit. Mit Verkrustungen sichtbar verschmutzte Flaschen legt man vor der Reinigung einen Tag lang gefüllt ins Wasser. Dadurch werden die hartnäckigen Ansätze aufgeweicht. Vor allem aber werden Dauerformen (Sporen) von Mikroorganismen zum Auskeimen gebracht und sind dann durch Erhitzen viel leichter abzutöten.

Die Reinigung der Flaschen erfolgt am besten schon mehrere Stunden vor dem Füllen mit einer guten Flaschenbürste in heißer Lauge (0,5 bis 1%ige Sodalösung, unter Zusatz eines Geschirrspülmittels). Die Verwendung von Quarzsand zur Flaschenreinigung schadet dem Glas. Vor einem Licht (Leuchtstoffröhre) kann man genau prüfen, ob die Flaschen auch vollstän-

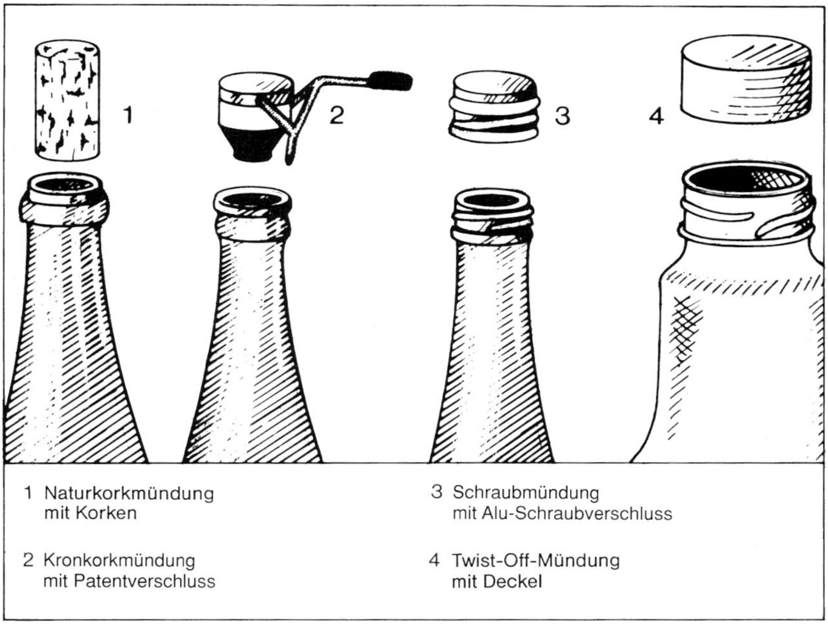

Verschiedene brauchbare Flaschenverschlüsse.

dig sauber sind. Danach werden sie noch mit klarem Wasser nachgespült und zum Austropfen mit der Öffnung nach unten in einen sauberen Flaschenkasten, Plastikeimer oder ähnlichen Behälter gestellt.

Flaschenverschlüsse

Gummikappen sind ein bereits seit mehreren Generationen bewährter, sicherer Verschluss für im Haushalt pasteurisierte Fruchtsäfte. Sie können bei richtiger Behandlung viele Male verwendet werden, vorausgesetzt, dass sie aus hochwertigem Gummi sind. Sie sind in verschiedenen Größen erhältlich, so dass man stets die passende Gummikappe findet. Entkeimt werden sie in kochendem Wasser und/oder indem man sie kurz vor dem Gebrauch mit 70%igem Alkohol ausschwenkt.

Beim Verschließen von Fruchtsaftflaschen mit Naturkorken hat es schon immer Schwierigkeiten gegeben. Die porösen Korken lassen sich nur sehr schwer desinfizieren. Außerdem schließen sie nicht luftdicht, was leicht zu Schimmelbildung führen kann. Sie haben höchstens noch bei Wein und Fruchtwein eine Berechtigung (siehe Seite 90).

Ein brauchbarer Verschluss sind auch Kronkorken. Man benötigt aber dazu nicht nur Flaschen mit Kronkorkmündung und neue Kronkorken mit einer Einlegescheibe (jetzt aus Kunststoff), sondern auch ein spezielles Kronkorkverschließgerät.

Es gibt jedoch in Haushaltsgeschäften auch Patentverschlüsse mit Gummiring zu kaufen, die sich zum Verschließen von Kronkorkflaschen eignen. Solche Patentverschlüsse waren früher auf allen Mineralwasser- und Bierflaschen. Man macht sie steril, indem man den Gummiring abnimmt und in kochendes Wasser legt. Auch den Verschluss selbst taucht man kurz in kochendes Wasser und zieht dann den Gummiring wieder auf. (Rissig und spröde gewordene Ringe sind durch neue zu ersetzen.)

Schraubverschlüsse sind nur dann geeignet, wenn sie sich leicht entkeimen lassen und luftdicht schließen, was aber bei den meisten, vor allem bei den Aluminiumkapseln, nicht der Fall ist. Beim erstmaligen Öffnen des Original-Verschlusses (Pilfer-Proof) geht meistens von der Kappe ein Sicherheitsring ab, wodurch ein völlig dichter Wiederverschluss nicht mehr möglich ist.

Aufsetzen der Gummikappe auf die heiß gefüllte Flasche.

Flaschenköpfe mit dazugehörigen Verschlüssen: Gummikappe, Korkstopfen, Twist-off-Verschluss, Alu-Schraubkapsel und Patentverschluss.

Heißeinfüllen

Wie schon gesagt, kann beim Dampfentsaften der auslaufende, heiße Saft direkt in Flaschen abgefüllt werden. Die Flaschen müssen dazu aber nicht nur gereinigt, sondern auch vorgewärmt werden. Sie werden deshalb mit Wasser gefüllt, in einem großen Topf auf einen Drahtrost gestellt und, etwa zur Hälfte in Wasser stehend, langsam auf etwa 65 °C erhitzt. Der Rost ist erforderlich, damit die Flaschen beim Erhitzen nicht platzen. Im Backofen oder im Heißluft-Umwälz-

An der leicht eingezogenen Gummikappe ist die gut verschlossene Flasche erkennbar.

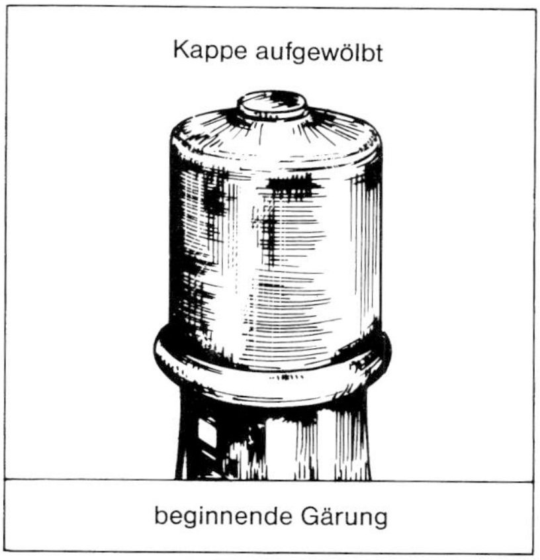

Die aufgewölbte Kappe zeigt eine beginnende Gärung an.

Herd (Convectomat), kann man die sauberen, leeren Flaschen aber auch liegend und trocken bei 110 °C sterilisieren. Erst unmittelbar vor dem Füllen nimmt man sie heraus, entleert sie und füllt »randvoll und schaumfrei« mit dem heißen Saft.

Muss aus einem Saftbehälter ohne Abfüllvorrichtung mit Schöpfkelle und Trichter abgefüllt werden, so sind auch diese Geräte vorher in kochendem Wasser zu entkeimen. Die Flaschen stellt man beim Füllen in eine kleine Schüssel, die den überlaufenden Schaum und Saft auffängt. Die Flaschenmündung reinigt man, indem man sie mit etwas heißem Wasser übergießt.

Beim Verschließen wird die Gummikappe mit den Fingern, eventuell mit Hilfe eines Kaffeelöffelstiels, so auf die Flasche gezogen, dass alle Luft aus ihr entweicht.

Der außen anhaftende Saft wird sofort nach dem Verschließen mit warmem Wasser abgewaschen, damit er nicht eintrocknet und die Flasche unansehnlich und klebrig macht. Dann werden die Flaschen auf eine wärmeisolierende Unterlage gestellt (Holz, Stoff, Kunststoff, Pappe).

Man bedeckt sie, zum Schutz vor Zugluft, mit einem Tuch. Vor allem in der nächsten halben Stunde muss jetzt der heiße Saft alle bei der Abfüllung noch in die Flasche geratenen lebensfähigen Keime abtöten. Flaschen mit Kronkork oder Patentverschluss kann man deshalb auch umlegen, Weithals-Flaschen mit Twist-off-Verschluss sogar auf den Kopf stellen (Geht nicht bei Gummikappen).

Langsames Abkühlen und Vermeiden von Zugluft sollen hauptsächlich Glasbruch verhüten. Der Saft soll aber, wie schon gesagt, nach dem Verschließen der Flaschen nur noch etwa 20 Minuten lang über 65 °C gehalten werden, längeres Heißhalten schadet ihm.

Das beim Abkühlen des Saftes durch Zusammenziehen entstehende Vakuum saugt alle Verschlüsse, die noch in Ordnung sind, das heißt noch luftdicht schließen, fest auf die Flaschenmündung. Die Gummikappen werden sogar etwas in die Flaschenmündung hineingezogen (vorausgesetzt, dass sie richtig passen und nicht eine Nummer zu groß sind).

Mit Gummikappen verschlossene Flaschen müssen stehend aufbewahrt werden. Dadurch hat man auch noch eine Kontrollmöglichkeit: Bleibt die Kappe immer leicht eingezogen, so ist alles in Ordnung. Wölbt sie sich dagegen auf, dann zeigt dies eine beginnende Gärung an, die schließlich die Kappe abhebt.

Am einfachsten ist die Kontrolle bei den Weck-Gläsern. Hier wird nach dem Heißeinfüllen der Rand mit einem sauberen Tuch abgewischt. Danach werden der Gummiring, der Deckel und die dazugehörige Klammer aufgesetzt. Erst nach dem völligen Erkalten des Saftes darf die Klammer wieder abgenommen werden. Dann kann man mit der sogenannten »Deckelanfassprobe« den sicheren Verschluss der Gläser prüfen. Bilden sich später Gärgase, so drücken diese den Deckel auf, so dass er nur noch lose auf der Flasche liegt.

Bei den mit Twist-off-Deckeln verschlossenen Weithalsflaschen kann man schon beim Abkühlen ein deutliches Knacken des Metalls hören und bei genauem Hinsehen auch eine leichte Einwölbung des Deckels feststellen. Gerät dagegen eine Flasche wirklich einmal in Gärung (was aber nur bei fehlerhaftem Arbeiten möglich ist), so wölbt sich der Deckel schon in den nächsten Tagen sichtbar (und hörbar) nach oben, bevor die Flasche platzen kann.

Bei Kronkorken und Patentverschlüssen ist aber eine beginnende Gärung nicht zu erkennen. Deshalb sollten insbesondere Anfänger aus Sicherheitsgründen lieber auf diese Verschlussmöglichkeiten verzichten. Explodierende Flaschen können nämlich großen Schaden anrichten.

Erhitzen in Flaschen

Offen-Verfahren

Bei diesem Verfahren wird der Saft kalt in vollkommen saubere Flaschen eingefüllt. Dabei lässt man im Flaschenhals etwa 2–3 cm frei. Man stellt die Flaschen in einen großen Einmachtopf (Deckel mit Thermometerloch und Thermometer) oder Einkochautomaten (mit Thermostat) auf einen Rost und füllt so viel Wasser ein, dass die Flaschen etwa bis zur Hälfte im Wasserbad stehen. Der Topf wird zugedeckt und die Heizung eingeschaltet. Wenn im Wasserbad 75 °C erreicht sind, wird diese Temperatur noch etwa 20 Minuten gehalten. Dann werden die Flaschen, die jetzt durch die Wärmeausdehnung randvoll sind und eine Schaumkrone gebildet haben, aus dem Wasserbad genommen und sofort danach wie beim Heißeinfüllen verschlossen. Auch beim Abkühlen und bei der Lagerung ist das beim Heißeinfüllen bereits Gesagte zu beachten. Wird fortlaufend gearbeitet, so muss das Wasserbad wieder auf etwa 50 °C abgekühlt werden, bevor neue Flaschen eingesetzt werden, denn das Flaschenglas verträgt keine großen Temperatursprünge.

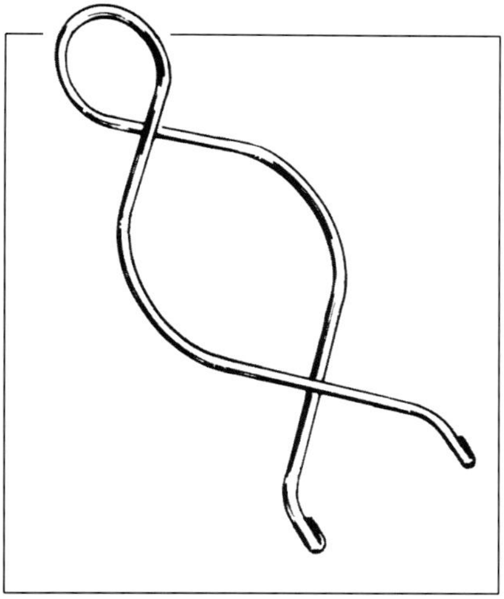

Spezialklammer zum Festhalten der Gummikappe während des Erhitzens kalt eingefüllter Säfte.

Gläser mit Twist-off-Verschluss können auch im Heißluftherd (Convectomat) im Offenverfahren sehr vorteilhaft sterilisiert werden. Die verwendeten Gläser sollten aber gleich hoch sein. Sie werden in der Bratenpfanne ohne Rost so eingesetzt, dass sie sich nicht berühren. Dann wird etwa ein halber Liter warmes Wasser in die Bratenpfanne gegossen und diese in die zweite Einschubleiste von unten geschoben. Die Temperatur wird ohne Vorheizung auf 160 °C eingestellt und so lange belassen, bis der Saft (nach etwa 35 Minuten) in den ersten Gläsern zu perlen beginnt (also nicht abwarten, bis es in allen Gläsern perlt). Es ist unbedingt erforderlich, diesen Zeitpunkt genau durch das Sichtfenster zu beobachten und dann den Backofen sofort auf Null zu stellen. Danach bleiben die Gläser noch etwa 20 Minuten im Backofen stehen. Die Deckel kann man daneben, in einem kleinen Topf mit Wasser, gleich mitsterilisieren. Sie werden sofort nach dem Herausnehmen – mit einer Vierteldrehung – möglichst fest aufgeschraubt.

Möglich ist auch das Pasteurisieren von Fruchtsäften im Mikrowellenherd. In diesen dürfen jedoch keinesfalls Metallteile gegeben werden.

Geschlossen-Verfahren

Dazu werden die Flaschen kalt nur bis etwa vier Finger breit unter den Rand gefüllt und gleich verschlossen. Die Gummikappen müssen während des Erhitzens mit einem Bindfaden (Apothekerknoten) festgebunden oder mit einer besonderen Drahtklammer festgehalten werden, damit sie durch die Wärmeausdehnung nicht abgehoben werden.

Ideal ist das Geschlossen-Verfahren für die Weck-Gläser mit Glasdeckel und Gummiring. Diese müssen immer mit den dazugehörigen Klammern zusammengehalten werden. Ein Entweichen der Luft ist aber auch hier, wie bei den Gummikappen, möglich. In den Weck-Gläsern kann der Saft im Geschlossen-Verfahren im Heißluftherd pasteurisiert werden. (Temperatureinstellung und Wartezeit wie beim Offen-Verfahren beschrieben.) Auch im Mikrowellenherd ist mit Weck-Gläsern das Pasteurisieren möglich, denn es gibt dazu spezielle Klammern. Sie sind aus hochwertigem Kunststoff, mikrowellendurchlässig und nicht rostend (Mikro-dur Spezial).

In mit Kronkorken oder Twist-off-Deckeln verschlossenen Flaschen entsteht beim Erhitzen ein ziemlich hoher Druck, der zum Platzen des Glases führen kann. Aus diesem Grund sollten Flaschen mit diesen Verschlüssen nicht im Geschlossen-Verfahren pasteurisiert werden.

Das Geschlossen-Verfahren wird von manchen als sicherer angesehen, weil Mikroorganismen nach der Entkeimung nicht mehr in die Flasche hineingelangen können. Es ist aber für den Gummikappen-Verschluss weniger gut geeignet. Außerdem hat man nicht, wie beim Offen-Verfahren, die Möglichkeit, die oft beträchtliche Schaumbildung im Flaschenhals zu beseitigen.

Heißabfüllen in größere Behälter

Sollen größere Fruchtsaftmengen abgefüllt werden, so kann man für das Heißeinfüllen auch gut Glasballons mit 5 bis 15 l Inhalt verwenden. Dazu wird der Saft in einem Topf aus Aluminium, einwandfreiem Email oder Edelstahl unter Umrühren auf 75 °C erwärmt und sofort heiß mit Hilfe eines Trichters in den sauberen, auf 50 bis 60 °C vorgewärmten Ballon gefüllt. Auch hier muss randvoll und schaumfrei gefüllt und die Gummikappen in passender Größe müssen, wie bei den Flaschen, unmittelbar danach aufgesetzt werden. Man muss die Ballons nach dem Abkühlen in einem möglichst kühlen und dunklen Raum aufbewahren. Trotzdem muss ein angebrochener Ballon in wenigen Tagen aufgebraucht werden, weil er sonst in Gärung geht.

Es gibt zwar Zapfvorrichtungen für Fruchtsaft-Ballons, aber sie sind umständlich in der Handhabung und immer mit der Gefahr verbunden, dass Schimmelpilze oder Hefen in den Saft gelangen und ihn verderben können.

Durchlauferhitzer

Sollen große Saftmengen haltbar gemacht und heiß abgefüllt werden, so kann dies auch mit einem Durchlauferhitzer geschehen.

Seit vielen Jahrzehnten bewährt hat sich zum Beispiel die Baumannsche Entkeimungsglocke. Sie ist für den nichtgewerblichen Fruchtsafthersteller noch erschwinglich, weil sie auch in einen vorhandenen Kessel eingehängt werden kann.

Die beiden aus Aluminium bestehenden Teile der Glocke werden mit einer Schraube und zwei Gummidichtungen so zusammengehalten, dass zwischen ihnen ein Hohlraum ent-

Gefüllte und etikettierte Flaschen mit verschiedenen Verschlüssen im Vorratskeller.

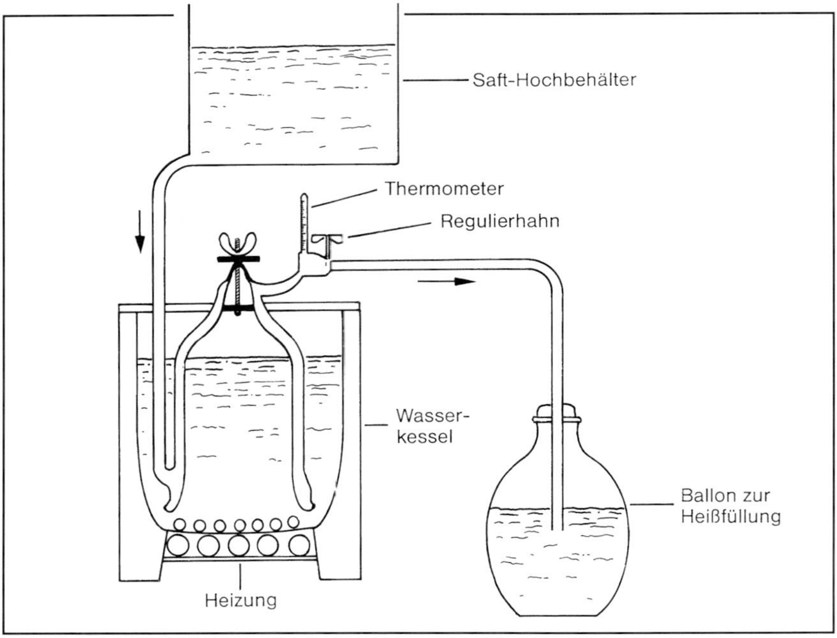

Funktionsschema der Baumann-Glocke.

steht. Aus einem höher gestellten Gefäß mit Untenauslauf wird der Saft durch einen Schlauch von unten eingeleitet. Er steigt dann in dem Hohlraum zwischen Außen- und Innenglocke in dünner Schicht hoch und wird in weniger als einer Minute schonend auf die gewünschte Temperatur erhitzt.

Beim Auslauf fließt der Saft an einem Thermometer vorbei und gelangt durch einen Schlauch in die zu füllenden, auf 50 bis 60 °C vorgewärmten Flaschen oder Glasballons. Mit Hilfe eines Hahns wird der Durchlauf so geregelt, dass die Temperatur am Auslauf ständig 72 bis 75 °C beträgt. Sinkt sie, so muss der Hahn etwas geschlossen werden und umgekehrt.

Da die Baumannsche Glocke aber je nach Größe eine Stundenleistung von 60 bis 200 l hat und mit dieser Geschwindigkeit fortlaufend gefüllt werden muss, ist sie eher für die gemeinschaftliche Nutzung in Vereinen und Genossenschaften, für bäuerliche Selbstvermarkter oder in einer nebengewerblichen Lohnmosterei geeignet und wirtschaftlich.

Nach Gebrauch wird die Glocke auseinandergeschraubt und alle Teile werden sorgfältig gereinigt (besonders die Innenteile der Glocke und die Schläuche). Vor allem dürfen nirgendwo Saftreste eintrocknen, weil diese

Brutstätten für Mikroorganismen sind, die den Saft nach der Erhitzung wieder infizieren können.

Es gibt auch für den Haushalt geeignete, spiralförmige Röhrenerhitzer, die man in einen großen Einmachtopf oder einen Einkochautomaten hängen kann. Auch hier läuft der Saft mit Falldruck aus einem hochstehenden Behälter von unten nach oben durch die Spirale. Dabei wird er durch das heiße Wasser indirekt auf etwa 72 °C erhitzt. Die Safttemperatur wird wieder mit Hahn und Thermometer am Auslauf geregelt.

Haltbarmachen durch Tiefgefrieren

Das Tiefgefrieren bietet sich natürlich besonders für die roh gepressten, reinen Fruchtsäfte an. Aber auch alle anderen Fruchtgetränke, mit oder ohne Zusatz von Zucker und Wasser, sind geeignet. Eine Gefriertruhe oder ein Gefrierschrank ist ja heute in den meisten Haushalten vorhanden und das Verfahren einfach und sicher:

Geeignete Behälter sind die bekannten Gefrierdosen und -beutel aus Plastik. Hervorragend eignen sich auch Mehrschicht-Blockpackungen, wie sie massenhaft zur industriellen Abfüllung von H-Milch, Fruchtsäften und anderen Getränken dienen und sonst nach Gebrauch nur Müllentsorgungsprobleme verursachen. Diese Packungen schneidet man nach dem Entleeren oben glatt ab, reinigt sie gründlich und lässt sie abtrocknen. Vor der Wiederverwendung schneidet man die Packungen oben an allen vier Kanten etwas ein, damit man nach dem Einfüllen durch Einbiegen einen Deckel falten kann. Beim Füllen der Gefrierbehälter muss etwas Raum freibleiben, weil sich alle Flüssigkeiten beim Gefrieren um ein Zehntel ihres Volumens ausdehnen.

Bei der für das Tiefgefrieren vorgeschriebenen Temperatur von –18 °C sind die Säfte auf Dauer zuverlässig haltbar.

Herstellung von Fruchtsirup

Bekanntlich lassen sich Früchte und Fruchtsäfte in Form von Gelee, Marmelade, Konfitüre und auch als Fruchtsirup durch Zusatz von viel Zucker haltbar machen. Durch eine hohe Zuckerkonzentration wird verhindert, dass Mikroorganismen sich in oder auf diesen Speisen vermehren können. Der Zucker ist so stark hygroskopisch (wasseranziehend), dass den Mikroorganismen zum Leben kein Wasser mehr übrig bleibt. Außerdem erhält er Farbe, Aroma und Vitamin C des Saftes. Er setzt das Aufnahmevermögen für Sauerstoff herab und hemmt die Tätigkeit der sauerstoffübertragenden Enzyme (Oxidasen).

Man braucht 35 % reinen Saft (frisch gepresst oder pasteurisiert ohne Wasserzusatz) und 65 % Zucker (reiner Kristallzucker). Bei Fruchtsäften mit erheblichem Zuckergehalt nimmt man etwas weniger Zucker. Bei säurearmen Säften (zum Beispiel Himbeersaft) sollte man einige Gramm Zitronensäure zugeben.

Das Auflösen des Zuckers kann nach zwei verschiedenen Verfahren erfolgen. Dabei müssen die nachfolgenden Rezepte genau eingehalten werden.

Heißverfahren

Hier wird die genau abgemessene Saftmenge in einen Topf (aus gutem, unbeschädigtem Email oder Edelstahl) gegeben und auf 50 bis 60 °C erwärmt. Erst dann wird die genau abgewogene Menge Zucker nach und nach zugegeben. Dabei wird – unter ständigem Umrühren mit einem (hölzernen) Kochlöffel – langsam weitererhitzt, bis sich der Zucker bei Erreichen des Siedepunktes vollständig im Saft aufgelöst hat. Man lässt dann das Ganze einige Male aufwallen, unterbricht die Wärmezufuhr und hebt den sich bildenden Schaum mit einem Schaumlöffel sorgfältig ab.

Der fertige Sirup muss sofort heiß in vorgewärmte Flaschen gefüllt werden. Diese werden verschlossen und gekühlt, so schnell wie es das Glas ohne Bruch erlaubt. Bei allzu langer Hitzeeinwirkung geht die Sirupfarbe ins Bräunliche über.

Kaltrührverfahren

Es ist für die Qualität des Sirups vorteilhafter: Die Aroma- und Farbstoffe werden mehr geschont und ein Anbrennen wird vermieden. Man braucht aber ein Rührgerät (Küchenmaschine oder Rührstab).

Zuerst wird die genau abgewogene Menge Fruchtsaft in das Rührgefäß eingefüllt. Nach Einschaltung des Rührwerks wird der Zucker nach und nach zugegeben. Je nach Temperatur muss etwa 10 bis 20 Minuten gerührt werden, bis der Zucker vollständig gelöst ist.

Schön geformte Flaschen aus (farblosem) Weißglas lassen die leuchtenden Farben von klarem Sirup aus verschiedenen Früchten richtig zur Geltung kommen.

Sowohl die im Heißverfahren gewonnenen als auch die kaltgerührten Fruchtsirupe sind, in Flaschen verschlossen und kühl aufbewahrt, auf Dauer haltbar. Sie können zur Bereitung von Limonaden sowie als Zutaten für allerlei alkoholfreie und alkoholische »Drinks« (Bar-Mixgetränke, Bowlen) verwendet werden. Auch zur Verfeinerung von Puddings und anderen Speisen werden sie gerne benutzt.

Klären, Mischen und Trinkfertigmachen

Klären

Gröbere Trubbestandteile sollten auf alle Fälle vor dem Pasteurisieren der Säfte mit einem Nylonsieb und einem nicht zu grobmaschigen Tuch aus den Fruchtsäften entfernt werden. Es setzt sich sonst in den Flaschen ein dicker Bodensatz ab, der beim Ausschenken störend wirkt. Vor allem sind sehr trubreiche Säfte viel anfälliger für Wärmeschäden, die Geschmack, Geruch und Farbe beeinträchtigen. Diese können jedoch durch Zugabe von 0,2 bis 0,4 g L-Ascorbinsäure (Vitamin C) pro Liter Saft in Grenzen gehalten werden.

Geschmacklich stehen sorgfältig gewonnene trübe Säfte den klaren nicht nach, meistens schmecken sie sogar voller. Sie sind auch wertvoller, weil sie Faser- oder Ballaststoffe enthalten. Auch bei den im Handel befindlichen Fruchtsäften und Nektaren bevorzugen ja immer mehr Verbraucher solche mit Fruchtfleisch. Beim Trinken heißt es dann nur: Vor Gebrauch schütteln!

Bei Wein gilt aber von jeher der Grundsatz: »Trink, was klar ist!« Man weiß, dass sich diese Getränke nach der Gärung in der Regel von selbst klären. Eine Trübung kann hier auch einen Weinfehler mit geschmacklicher Beeinträchtigung anzeigen. Nur der naturtrübe oder »bauernhelle« Apfelwein findet mit seiner leichten Trübung immer mehr Liebhaber.

Selbstklärung

Für die selbstgemachten Fruchtsäfte ist dieses Verfahren am einfachsten und besten:

Nach dem Pressen lässt man den Saft durch ein feines Nylonsieb oder ein feinmaschiges Tuch laufen. Man kann sich einen Filtersack kaufen oder selbst herstellen. Mit einigen angenähten Ringen oder Wäscheklammern kann man ihn in einem Lattengestell aufhängen.

Durch dieses Grobfiltrieren (oder Seihen) werden aber nur die verhältnismäßig groben Trubteilchen entfernt. Der Saft ist immer noch trüb. In diesem Zustand wird er nun in größere Flaschen oder Ballons (2 bis 25 l) nach Vorschrift heiß eingefüllt und haltbar verschlossen. Bei ausreichendem Säuregehalt und möglichst kühler Lagerung klärt er sich dann, wenigstens weitgehend, von selbst.

Begünstigt und beschleunigt wird die Selbstklärung – vor allem bei Apfelsaft – durch Verschnitt mit gerbstoffreichen Fruchtsäften. Beim Keltern werden am besten gleich 3 bis 5 % herbe Mostäpfel (»Holzäpfel«) oder Mostbirnen zugemischt. Man kann auch 1 bis 2 % »Scheidsaft« aus Ebereschen, Mispeln, Speierlingen oder Schlehen vor dem Pasteurisieren zugeben. Von diesen gerbstoffreichen Säften sollte man immer ein paar Flaschen pasteurisiert bereithalten.

Nach der erforderlichen Lagerzeit wird der Saft sorgfältig mit einem

Trichter aus Glas, Kunststoff und Aluminium mit Faltenfiltern, die man aus Filterpapier auch selber falten kann.

Schlauch in kleinere Flaschen abgezogen. Dann wird er ein zweites Mal bei 70 bis 75 °C pasteurisiert. Er kann aber auch gleich getrunken werden.

Durch dieses Klärverfahren ist es auch möglich, zwei oder mehrere zu verschiedenen Zeiten gewonnene Saftarten zunächst einzeln zu lagern und erst nach der Selbstklärung, das heißt unmittelbar vor der zweiten Pasteurisation, miteinander zu verschneiden.

Filter

In gewerblichen Betrieben werden zur Trubbeseitigung und Klärung der Säfte und Weine viele Filterarten eingesetzt, die aber für den Hobby-Saft- und

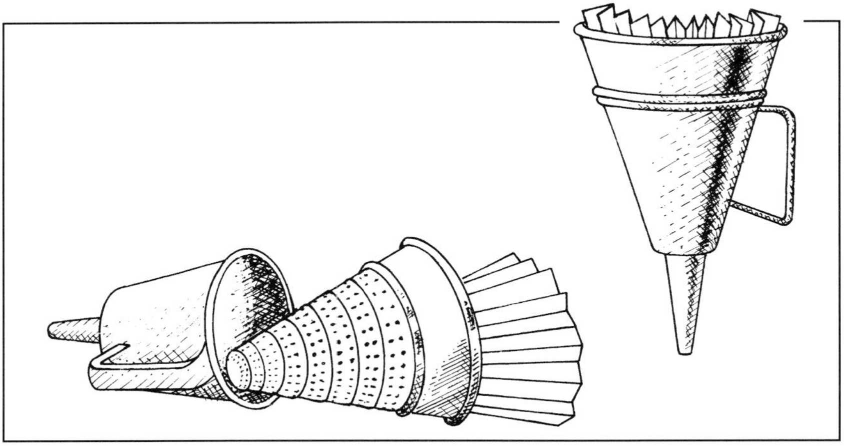

Trichter mit Siebeinsatz und Papierfilter.

Weinbereiter zu teuer sind. Meistens kommen für die Hobby-Kellerei nur Trichterfilter in Frage. Diese haben jedoch eine so kleine Filterfläche, dass selbst geringe Saftmengen eine lange Zeit zum Durchlaufen benötigen. Dabei sind eine beträchtliche Sauerstoffaufnahme und damit Oxidationsschäden unvermeidlich.

Trichterfilter sind deshalb nur dann geeignet, wenn Teilmengen, zum Beispiel der bei der Selbstklärung anfallende Trub, filtriert werden sollen. Für diesen Zweck gibt es spezielle Filtersysteme zu kaufen. Man kann sie aber auch selbst zusammenstellen: zum Beispiel Trichter aus Kunststoff, darin ein Perlonfilterbeutel, darin wieder ein Papierfaltenfilter.

Auch große Kaffeefilter lassen sich zum Filtern kleiner Mengen verwenden. Sie sind allerdings nicht auf die Zähflüssigkeit des Saft- und Weintrubes abgestimmt. Der Zusatz eines Antigeliermittels (pektinspaltendes Enzym) vor dem Filtrieren verhindert ein zu schnelles Verstopfen der Poren.

Mischfruchtsäfte

Durch Mischen verschiedener Fruchtarten oder Fruchtsäfte kann man einen Ausgleich des Säure-Zucker-Verhältnisses, eine Verbesserung des Aromas oder eine schönere Farbe erreichen. Hauptsächlich wird man säurereiche mit säurearmen, aromastarke mit aromaschwachen Fruchtsäften verschneiden, gelegentlich auch mit einem stark färbenden Saft das Aussehen verbessern wollen. Bei der Beschreibung der einzelnen Fruchtarten wurde schon auf die hier gegebenen Möglichkeiten hingewiesen.

Die Verschnittmöglichkeiten sind sehr vielseitig und Probieren geht bekanntlich über Studieren. Die folgenden Beispiele mögen als Anregungen dienen.

Verschnittmöglichkeiten für Mischfruchtsäfte
(In Klammern sind die Anteilmengen in Prozent angegeben)

Äpfel (65) + Birnen (35)
Äpfel (50) + Holunderbeeren (50)
Äpfel (90) + Quitten (10)
Äpfel (80) + Holunderbeeren (20)
Äpfel (60) + Rhabarber (40)

Rhabarber (90) + Erdbeeren (10)

Birnen (80) + Rote Johannisbeeren (10) + Erdbeeren (10)

Rote Johannisbeeren (60) + Holunderbeeren (40)

Rote Johannisbeeren (90) + Erdbeeren (10)
Rote Johannisbeeren (75) + Süßkirschen (25)
Rote Johannisbeeren (60) + Äpfel und/oder Birnen (40)
Rote Johannisbeeren (70) + Schwarze Johannisbeeren (30)
Rote Johannisbeeren (50) + Süßkirschen (50)
Rote Johannisbeeren (60) + Stachelbeeren (20) + Himbeeren (20)

Schlehen (70) + Äpfel (30)
Brombeeren (60) + Holunderbeeren (40)
Sauerkirschen (60) + Süßkirschen (40)

Zucker- und Wasserzusatz

Apfel-, Birnen- und Traubensäfte brauchen keinerlei Zusatz von Wasser und Zucker. Es gibt aber auch viele Säfte, zum Beispiel von Johannisbeeren, Stachelbeeren und Sauerkirschen, bei denen der Säuregehalt zu hoch und der Zuckergehalt für ein harmonisches Getränk nicht ausreichend ist. Hier sind Zusätze von Zucker und Wasser erforderlich, um einen Zuckermangel beziehungsweise einen Säureüberschuss auszugleichen.

Die Haltbarkeit der Fruchtsäfte ist vom geschmacksverbessernden Zuckerzusatz nicht abhängig. Man kann ihn daher auch erst unmittelbar vor dem Trinken zugeben. Süß gelagerte Säfte schmecken aber meistens harmonischer und sind bekömmlicher, weil der zugesetzte Rohr- oder Rübenzucker während der Lagerung in eine Mischung von Frucht- und Traubenzucker aufspaltet. Der vor dem Dampfentsaften den Früchten zugemischte Zucker (siehe Seite 46) fördert nicht nur die Saft- und Farbstoffextraktion und erhöht damit die Ausbeute. Er bindet auch die wertvollen, leicht flüchtigen Aromastoffe. Deshalb ist es besser, den Säften schon vor dem Pasteurisieren Zucker zuzugeben.

Der Wasserzusatz erfolgt teilweise schon während der Saftgewinnung. Beim Dampfentsaften wird der Saft mit etwa 15 bis 20 % Wasser verdünnt (siehe Seite 48). Auch beim Anfeuchten der Trester für die Zweitpresse oder beim Zuschütten von Heißwasser zur Maische der Schwarzen Johannisbeeren wird der Saft mehr oder weniger verwässert (siehe Seite 38 und 41). Ein weiterer Wasserzusatz erfordert aber mehr Flaschen und Verschlüsse, höheren Energieverbrauch und mehr Arbeit. Die Haltbarkeit ist auch beim nicht so stark verdünnten Saft wegen des höheren Säuregehaltes sicherer. Deshalb ist es normalerweise praktischer, das Wasser erst unmittelbar vor dem Trinken zuzugeben. Dann kann man auch mit kohlensäurehaltigem Mineralwasser »mixen« und auch noch Eiswürfel hineingeben. Besonders im heißen Sommer kann man so allzu süße, klebrige Säfte leichter und damit durststillender und erfrischender machen. Grundsätzlich gilt für den Zuckerzusatz:

Jede Frucht sollte möglichst ihren natürlichen Geschmack behalten. Zucker kann, im richtigen Maße zugegeben, diesen Eigengeschmack noch verstärken und abrunden. Auf keinen Fall darf jedoch durch zu hohe Zuckerzugabe das fruchteigene Aroma verdeckt werden.

Rezept für eine Standard-Zuckerlösung

Da der gewöhnlich zur Verfügung stehende Kristallzucker sich in den Säften nicht sehr gut löst, ist es insbesondere bei größeren Saftmengen praktisch,

Zusatz von Wasser und Zucker für die einzelnen Fruchtarten

Fruchtart	Mostgewicht Oe	Säuregehalt g/l Saft	Zusatzmengen je Liter Saft	
			l Wasser	g Zucker
Quitten	46–52	8–10	–	40–80
Edeleberaschen	33–35	14–16	0,25–0,35	110–130
Sauerkirschen	39–42	18–21	0,6–0,8	110–130
Pfirsiche	30–36	7–8	–	30–50
Aprikosen	35–41	9–13	0–0,2	40–80
Schlehen	27–35	18–20	0,3–0,5	110–140
Johannisbeeren (schwarz)	38–42	28–32	1,5–1,8	200–250
Johannisbeeren (rot)	30–40	22–28	1–1,5	160–200
Stachelbeeren	29–33	12–18	0,4–0,6	120–140
Erdbeeren	25–30	5–8	0–0,2	80–100
Himbeeren	30–40	10–13	0,2–0,3	90–110
Brombeeren	34–40	8–18	0,5–0,75	120–150
Heidelbeeren	35–38	9–13	0,9–1,1	90–110
Sanddornbeeren	25–38	29–35	2–2,4	220–260
Holunderbeeren	25–35	8–12	0,2–0,3	110–130

statt Zucker eine Zuckerlösung zuzusetzen, die man sich folgendermaßen selbst herstellen kann:

In 2 l kochend heißes Wasser werden 5 kg Zucker eingerührt. Man lässt die Mischung aufkochen und schäumt ab. Dann lässt man die fertige Zuckerlösung abkühlen. Soll sie aufbewahrt werden, so gibt man vor dem Zucker in das kochende Wasser etwa 2 g Zitronensäure oder etwas Zitronensaft hinzu. Die Säure bewirkt eine Aufspaltung des Rüben- oder Rohrzuckers in eine Mischung aus Trauben- und Fruchtzucker, die nicht wieder auskristallisiert.

1 Liter dieser Lösung enthält dann 1 kg Zucker, was das Abmessen einer bestimmten Zusatzmenge erleichtert. Die Menge des Zuckerzusatzes richtet sich natürlich nach dem von Natur aus im Saft vorhandenen Zuckergehalt, die erforderliche Wassermenge nach dem Säuregrad des Saftes. Bestimmte, feste Mengen lassen sich hier kaum angeben.

Die Tabelle gibt deshalb nur ungefähre Anhaltspunkte für Wasser- und Zuckerzusätze. Diese können selbstverständlich beim Probieren nach eigenem Geschmack verändert werden.

Messen und Rechnen beim Verschneiden und Trinkfertigmachen von Fruchtsäften

Wer sich nicht mit Pauschalwerten begnügen und sich auch beim Verschneiden nicht nur aufs Probieren verlassen will, kann die richtigen Zusatzmengen auch durch Berechnen ermitteln. Die grundlegenden Messwerte dafür sind: das Mostgewicht und der Säuregehalt.

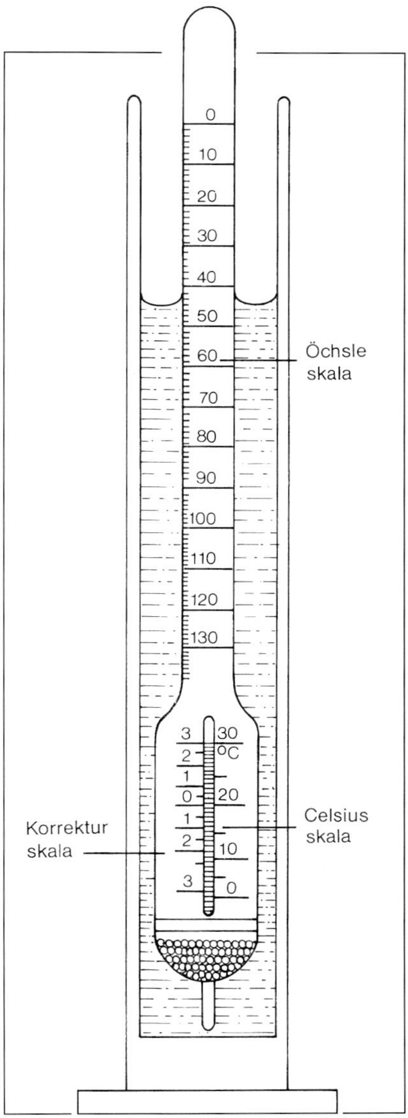

Öchslewaage mit Thermometer und Temperatur-Korrekturskala.

Bestimmung des Mostgewichtes
Sie erfolgt mit einer Senkspindel, der sogenannten Most- oder Öchslewaage, die nach dem Archimedischen Prinzip funktioniert: Sie taucht, in einer Flüssigkeit schwimmend, soweit ein, bis das Gewicht der verdrängten Flüssigkeitsmenge ihrem eigenen Gewicht entspricht. Je kleiner das spezifische Gewicht, die Dichte der zu messenden Flüssigkeit ist, umso tiefer taucht die Senkspindel ein.

Die Öchslewaagen erfassen meistens den Bereich von 0 bis 130 Öchslegraden (°Oe). Dies entspricht einer Dichte von 1,000 bis 1,130 g/cm³. Die Öchslegrade sind also eine verkürzte Schreibweise des spezifischen Gewichtes. Sie zeigen an, wieviel Gramm 1 Liter des zu messenden Saftes bei einer bestimmten Bezugstemperatur (meist 20 °C) schwerer ist als 1 Liter Wasser. So bedeuten 48 °Oe eine Dichte von 1,048 g/cm³ (oder kg/l). Die Dichte eines Saftes ist um so höher, je mehr Extraktstoffe sich in der wässrigen Lösung befinden. Da aber der Zucker bei den Extraktstoffen der Fruchtsäfte den Hauptanteil bildet, sind die Öchslegrade gleichzeitig ein Maßstab für den Zuckergehalt. Sie geben damit auch Auskunft über den erreichbaren Alkoholgehalt, falls der Saft zu Wein vergoren werden soll (siehe Seite 79).

Zur Messung braucht man außer der Öchslespindel einen etwa 250 ml fassenden, sauberen und trockenen Standzylinder. Diesen stellt man auf eine waagrechte Unterlage und füllt ihn mit dem zu messenden Saft. Grobe Trubteile sind so weit wie möglich (mit einem Seihtuch) zu entfernen, eventuell vorhandene Kohlensäure ist herauszuschütteln, da das Messergebnis sonst ungenau wird. Aus gleichem Grund darf sich auch kein Schaum auf der Saftoberfläche befinden.

Die gut gereinigte und getrocknete Öchslewaage wird nun langsam so weit in den Saft eingetaucht, bis sie frei schwimmt und weder die Wand noch den Boden des Glaszylinders berührt. Sie darf nicht tiefer eingetaucht werden, sonst bleiben Flüssigkeitstropfen am Hals hängen und verfälschen das Messergebnis. Die Öchslegrade werden (in Augenhöhe) am tiefsten Punkt des Flüssigkeitsspiegels abgelesen.

Bei der Messung ist die auf der Senkspindel angegebene Bezugstemperatur nach Möglichkeit einzuhalten. Das Gerät ist auf diese Temperatur (meist 20 °C) justiert, das heißt, es zeigt den exakten Wert nur an, wenn der Fruchtsaft diese Temperatur besitzt. Wird bei einer anderen Temperatur gemessen, so müssen die abgelesenen Werte korrigiert werden. Es ist sinnvoll, ein Gerät mit eingebautem Thermometer und Temperatur-Korrektur-Skala zu kaufen. Hier sind im dicken Unterteil die Korrekturwerte angegeben. Diese müssen bei höherer Temperatur den abgelesenen Werten hinzu, bei niedrigerer Temperatur davon abgezählt werden (für je 1 °C Temperaturdifferenz etwa 0,2 °Oe). Der exakte Wert kann erst einige Zeit nach dem Eintauchen der Spindel abgelesen werden, da diese erst die Temperatur des Saftes annehmen muss.

Bestimmung des Säuregehalts
Grundlage der Säurebestimmung ist die Neutralisation, wobei sich Säuren und Laugen durch eine chemische Reaktion in ihrer Wirkung gegenseitig

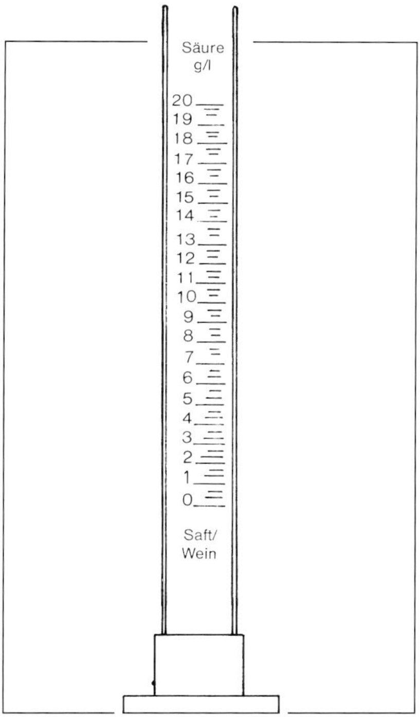

Säuremesszylinder

aufheben. Dadurch ist es möglich, die in einer Flüssigkeit vorhandene Säuremenge durch Titrieren zu bestimmen. Man benötigt dazu als Titerlösung eine Lauge von ganz bestimmter Konzentration oder Normalität. Diese lässt man in die zu messende Flüssigkeit nach und nach so lange eintropfen, bis Säure und Lauge sich gegenseitig neutralisiert haben. Der dann erreichte Neutralpunkt (pH 7) kann mit Hilfe bestimmter Indikatoren, die ihre Farbe bei Reaktionsänderungen wechseln, sichtbar gemacht werden. Für die Saft- und Weinuntersuchung wurden spezielle Säuremesszylinder (Azidometer, Titrovin-Gerät) entwickelt. Mit diesen Geräten lässt sich die Säuremenge in Fruchtsäften und -weinen mit ausreichender Genauigkeit ermitteln. Die Handhabung ist einfach:

Eine bestimmte Menge (10 ml) des zu untersuchenden Saftes wird (bis zur 0-Marke) in den Messzylinder eingefüllt. Dann wird die Titerlösung mit Indikator (sogenannte Blaulauge) nacheinander in kleinen Mengen, zuletzt nur noch tropfenweise, hinzugegeben. Zwischendurch muss der Zylinder jedesmal (mit dem Daumen auf der Öffnung) kurz umgedreht werden, damit sich Säure und Lauge gut vermischen und miteinander reagieren können. Der Neutralpunkt ist erreicht, wenn die Farbe über hellgrün in dunkelgrün umschlägt, jedoch noch nicht blau ist.

Nun kann man an der Gradeinteilung (in Augenhöhe) ablesen, wieviel Lauge zugegeben wurde. Jeder Milliliter verbrauchte Lauge entspricht einem Gramm Säure pro Liter (g/l) Saft.

Bei dunkelfarbigen Säften ist es nicht leicht, den Umschlagspunkt der Blaulauge exakt zu erkennen. Deshalb wird hier empfohlen, als Indikator Lackmus-Papierstreifen (neutral) zu nehmen und die sogenannte Tüpfelmethode anzuwenden. Näheres kann in den mitgelieferten Gebrauchsanleitungen für die Säuremessgeräte nachgelesen werden.

Berechnung des Säure-Zucker-Verhältnisses

Den Zuckergehalt pro Liter Saft (g Z/l) kann man annähernd aus den gemessenen Öchslegraden (°Oe) errechnen. Dabei gelten folgende Formeln:

1. Bei Kernobstsäften:

$$°Oe \times 2 = g\ Z/l$$

2. Bei ungezuckerten und unverdünnten Beeren- und Sauerkirschsäften:

$$\left(\frac{°Oe}{4} - 3\right) \times 10 = g\ Z/l$$

3. Bei durch Wasser und Zuckerzusatz trinkfertig gemachten Beeren- und Sauerkirschsäften und bei Traubensäften:

$$\left(\frac{°Oe}{5} + 1\right) x\ 10 = g\ Z/l$$

Ausschlaggebend für die geschmackliche Qualität eines Fruchtsaftes ist das Verhältnis zwischen Säure- und Zuckergehalt. Liegt es zwischen 1 zu 12 und 1 zu 15, kommen also auf jedes Gramm Säure 12 bis 15 g Zucker, so empfinden wir den Geschmack als angenehm harmonisch. Bei der Berechnung des Säure-Zucker-Verhältnisses wird immer der Säuregehalt, gemessen in g/l, gleich eins gesetzt und sein Verhältnis zum Zucker, errechnet in g/l, angegeben.

Beispiele:
Zu 1.: Ein Apfelsaft mit 49 °Oe und 7 g/l Säure hat ein gutes Säure-Zucker-Verhältnis von 1 zu 14.

Berechnung

$$49 \times 2 = 98\ g\ Zucker/l$$
$$7 : 98 = 1 : 14$$

Zu 2.: Ein Schwarzer-Johannisbeer-Saft mit 42 °Oe und 25 g/l Säure hat ein völlig unausgeglichenes Säure-Zucker-Verhältnis von nur 1 zu 3; er ist deswegen viel zu sauer und »nicht genießbar«.

Berechnung

$$\left(\frac{42}{4} - 3\right) \times 10 = 75\ g\ Zucker/l$$
$$25 : 75 = 1 : 3$$

Zu 3.: Ein Traubensaft von 80 °Oe und 7,4 g/l Säure ist zu süß und löscht nicht den Durst, weil sein Säure-Zucker-Verhältnis etwa bei 1 zu 23 liegt.

Berechnung

$$\left(\frac{80}{5} + 1\right) \times 10 = 170\ g\ Zucker/l$$
$$7{,}4 : 170 = 1 : 23$$

Rechnen beim Verschneiden
Hat man vor dem Verschneiden von zwei Säften deren Öchslegrade und Säuregehalte gemessen, so kann man für einen gewünschten Verschnittwert das richtige Mischungsverhältnis errechnen. Man benutzt dazu folgende, für alle Mischungen gültige Formel:

$$A : B = (b - c) : (c - a)$$

a = gegebener Wert für Saft A
b = gegebener Wert für Saft B
c = gewünschter Wert für Verschnitt
A : B = gesuchtes Mischungsverhältnis

Hierzu zwei Beispiele
Verschnitten werden sollen: Saft A 6,4 g/l Säure, Saft B 9,2 g/l Säure. Wenn man einen Verschnitt mit 7 g/l haben will, so muss man die beiden Säfte im Verhältnis 11 zu 3 miteinander mischen.

Berechnung

$$A : B = (9{,}2 - 7) : (7 - 6{,}4) =$$
$$2{,}2 : 0{,}6 = 11 : 3$$

Verschnitten werden sollen: Saft A 41 °Oe, Saft B 51,8 °Oe. Wenn man einen Verschnitt mit 47 °Oe haben will, so muss man die beiden Säfte im

Verhältnis 4 zu 5 miteinander mischen.

Berechnung:

A : B = (51,8 – 47) : (47 – 41) = 4,8 : 6,0 = 4 : 5

Rechnen bei der Zugabe von Wasser und Zucker

Der Säuregehalt der Beeren- und Steinobstsäfte, der Halbware (S Hw), wird durch den Zusatz von Wasser und Zucker herabgesetzt. Gleichzeitig werden auch die Öchslegrade (°Oe) durch den Wasserzusatz herabgesetzt, durch den Zuckerzusatz aber erhöht. Auch bei diesem Vorgang (der Einstellung) kann man die gewünschten Werte und die dazu erforderlichen Saft-, Wasser- und Zuckermengen im Voraus berechnen.

Die Berechnungen der Fertigsaftmenge (l Fw), die man aus einer bestimmten Halbwarenmenge (l Hw) erhält, oder umgekehrt der Halbwarenmenge, die man für eine bestimmte Menge Fertigsaft braucht, erfolgen nach den Formeln:

l Hw × Säure Hw : Säure Fw = l Fw oder
l Fw × Säure Fw : Säure Hw = l Hw

Die erforderliche Zuckermenge, gemessen in Gramm (g Z) wird errechnet nach der Formel:

(l Fw × °Oe Fw – l Hw × °Oe Hw)
× 2,67 = g Z

Da jedes Kilogramm Zucker in der Lösung einen Raum von 0,625 l einnimmt, errechnet sich der Wasserzusatz (l W) nach der Formel:

l Fw – (l Hw + kg Z × 0,625) = l W

Beispiel:

Wenn man aus 9,5 l Johannisbeersaft mit 41 °Oe und 32 g/l Säure ein Getränk von 67 Oe und 11,5 g/l Säure haben will, so erhält man 27,64 l Fertigware. Man muss dann 3905 g Zucker und 15,7 l Wasser zugeben.

Berechnung:

9,5 × 32 : 11 = 27,64 l Fw
(27,64 × 67 – 9,5 × 41) × 2,67 = 3905 g Z
27,64 – (9,5 + 3,905 × 0,625) = 15,7 l W

Bei Verwendung einer Standard-Zuckerlösung mit 1 kg Zucker auf 1 Liter Lösung (siehe Seite 66) gibt man dann einfach 3,9 l Zuckerlösung zu. Die erforderliche Wassermenge wird so errechnet:

l Fw – (l Hw + l Zl) = l W
27,64 – (9,5 + 3,9) = 14,24 l W.

Die Bereitung von Obst- und Fruchtweinen

Allgemeines

Wein wurde schon im Altertum nicht nur aus Trauben, sondern auch aus vielen anderen Früchten hergestellt. Auch heute noch wird im Haushalt viel Wein aus allerlei Garten- und Wildfrüchten bereitet, meist nach altüberlieferten Rezepten. Besonders beliebt sind der Apfelwein (in Süddeutschland »Moscht« genannt) sowie Fruchtweine aus Johannisbeeren, Stachelbeeren, Erdbeeren, Brombeeren, Heidelbeeren, Sauerkirschen und Hagebutten.

Heute sollte der Hausweinbereiter sich die inzwischen auf dem Gebiet der Kellerwirtschaft gewonnenen, wissenschaftlichen Erkenntnisse zunutze machen. So kann er, ohne großen technischen Aufwand, Obst- und Fruchtweine selbst herstellen, die man nicht nur ohne Bedenken trinken, sondern sogar mit Freude genießen kann. Die Obst- und Fruchtweinbereitung verlangt ein gewisses Verständnis der bei der Gärung und Weinbereitung ablaufenden Vorgänge sowie ein sehr genaues Arbeiten. Die gewerblichen Betriebe, auch die bäuerlichen Selbst-

Edelebereschen dienen bei der Obst- und Fruchtweinbereitung als die Selbstklärung fördernder Zusatz.

vermarkter, müssen sich bei Herstellung und Kennzeichnung an bestimmte Richtlinien halten. Diese sind für die nur dem Eigenbedarf dienende Hausweinbereitung nicht bindend. Man sollte sich aber daran orientieren, damit auch der »Selbstgemachte« den jetzigen, gestiegenen Ansprüchen genügt.

Bei den »weinähnlichen Getränken«, wie die Obst- und Fruchtweine im Weingesetz genannt werden, unterscheidet man drei Typen:

Obstweine werden aus Kernobst hergestellt und als »Apfelwein« oder »Birnenwein«, bei Mischung als »Obstwein aus . . . « bezeichnet. Aus Äpfeln und Birnen erhält man durch Mischen geeigneter Sorten meistens Säfte, aus denen man ohne Wasser- und Zuckerzusatz ein zwar saures, aber erfrischendes, durstlöschendes Getränk mit niedrigem Alkoholgehalt herstellen kann.

Fruchtweine werden aus Beeren- und Steinobst hergestellt. Bei diesen Früchten ist der Säuregehalt im Vergleich zum Zucker zu hoch. Deshalb gibt man Wasser dazu, um die überschüssige Säure herabzusetzen und Zucker, um einen bestimmten Alkoholgehalt zu erreichen. Fruchtweine sollten mindestens 8 %vol Alkohol aufweisen, um im Geschmack harmonisch abgerundet und haltbar zu sein. Man kann zwar auch »leichtere« Tischweine (mit weniger Alkohol) aus Beerenobst bereiten. Aber diese sind schon bei der Herstellung größeren Gefahren ausgesetzt und auch nicht sehr lange haltbar.

Obst- und Fruchtdessertweine sind besonders alkoholstarke Spezialitäten: kräftig, vollsüß, eine Art Zwischenglied zwischen Wein und Likör. Sie sollten mindestens 13 %vol Alkohol aufweisen, was eine große Zuckermenge erfordert. Großer Beliebtheit erfreuen sich vor allem süße Dessertweine aus Roten und Schwarzen Johannisbeeren, Brombeeren, Erdbeeren, Sauerkirschen und Hagebutten. Im Norden Deutschlands liebt man auch einen süßen, alkoholreichen »Apfelzider«.

Mostgewinnung

Bei Kernobst und Weintrauben sind Mühle und Kelterpresse auch für den Hobby-Weinbereiter die gebräuchlichsten Geräte zur Saft-(Most-)gewinnung. Dies gilt vor allem, wenn größere Mengen abzupressen sind. Wie bereits bei der Apfelsaftgewinnung (siehe Seite 35) ausgeführt, sollte man sich hierfür an eine Keltergemeinschaft anschließen oder die Dienste einer Lohnmosterei in Anspruch nehmen.

Beerensäfte können auch für die Weinbereitung mit einer Schnecken-Fruchtpresse oder einer elektrischen Saftzentrifuge gewonnen werden (siehe Seite 32 und 34). Bei diesen beiden Entsaftungsgeräten kommt aber sehr viel Trub (Fruchtmark) in den Saft. Die Gärung verläuft dann sehr stürmisch und es entsteht viel Schaum. Um dem abzuhelfen, kann man allzu trüben Most etwa 12 Stunden möglichst kühl stehen lassen, damit sich der gröbste Trub absetzt.

Manche Hausweinbereiter lehnen die Mostgewinnung durch Dampfentsaften ab. Durch die Hitze werden ja alle im Saft vorhandenen Mikroorganismen abgetötet. Auch die fruchteige-

Diese stehenden Rundfässer aus lebensmittelgerechtem Kunststoff mit weiter Öffnung sind leicht zu füllen. Sie sind auch gut mit Deckel und Gäraufsatz zu verschließen und nach Gebrauch zu reinigen.

nen Enzyme, insbesondere die pektinabbauenden, werden inaktiviert. Trotzdem bringt das Dampfentsaften auch für die Obst- und Fruchtweinbereitung große Vorteile: Bei dunkelfarbigen Früchten wie Schwarzen Johannisbeeren oder Brombeeren wird der in den Fruchthäuten enthaltene Farbstoff durch den heißen Dampf viel besser herausgelöst. Man erhält Weine mit sehr intensiver Farbe. Der Zusatz von vorvermehrter Reinzuchthefe ist dann allerdings unerlässlich (»Gärstarter«, siehe Seite 83). Dadurch wird aber der Wein »reintöniger«, das heißt es entstehen nicht so viele unerwünschte Nebenprodukte der Gärung.

Für den Pektinabbau muss man dem im Heißverfahren gewonnenen Most wieder Antigeliermittel zugeben. Dann erhält man auch einen klaren Wein. Allerdings verläuft die Gärung nicht so stürmisch, sondern ruhiger und gleichmäßiger, was aber kein Nachteil ist. Natürlich kann man den durch Dampfentsaften gewonnenen

Saft auch in (größere) Flaschen oder Glasballons füllen und, mit Gummikappen verschlossen, zunächst haltbar aufbewahren. So lassen sich durch Mischen auch Mehrfruchtweine herstellen.

Das Angären der Maische ist zum Beispiel noch für Erdbeeren, Stachelbeeren, Zwetschen (Pflaumen) und rote Trauben zu empfehlen. Bei diesen Früchten sind die Farb- und Aromastoffe sehr hitzeempfindlich. Die Maischegärung bringt hier eine bessere Farbe in den Wein, ist aber nur unter Zugabe von Reinzuchthefe und von Kaliumpyrosulfit (0,3 g pro 10 l) zu empfehlen. Bei Luftzutritt entsteht die Gefahr des Essigstichs. Deshalb sollte die Maischegärung nicht in offenen Behältern erfolgen, sondern in Glasballons oder Kunststoffbehältern mit Gäraufsatz. Weil die festen Bestandteile durch die Kohlensäure immer wieder hochgetrieben werden, muss der sich bildende »Hut« jeden Tag wieder untergerührt werden. Der Gärvorgang muss auch nach wenigen Tagen unterbrochen werden. Dann wird die Maische abgepresst oder ausgedrückt. Sonst lösen sich zuviele Gerbstoffe aus Kernen und Schalen.

Bei Hagebutten, die fast überhaupt keinen Saft haben, ist ebenfalls eine Maischegärung erforderlich. Sie müssen nach dem Mahlen mit kochendem Wasser überbrüht werden. Man kann sie auch ungemahlen mit viel Wasser einige Minuten kochen und dann mit einem Kartoffelstampfer oder Fleischklopfer zerkleinern. Nach dem Erkalten wird die Maische zunächst mit Reinzuchthefe unter Zusatz von Milchsäure angegoren. Nach etwa vier Tagen lässt sie sich dann in einem Presssack leicht ausdrücken.

Gärgefäße

Glasballons

sind die idealen Gärbehälter für kleinere Mengen und entsprechen (in Größen von 5 bis 50 l) sehr den Bedürfnissen der Hobby-Weinbereiter. Mit einer Ballonbürste lassen sie sich leicht reinigen. Bei hartnäckigen Ansätzen an der Innenwand hilft 1,5 bis 2%ige Sodalösung. Anschließend muss der Ballon mit frischem Wasser gut ausgeschwenkt werden. Scharfen Sand sollte man zur Reinigung nicht

Große Flaschenbürste, auch für kleinere Ballons geeignet.

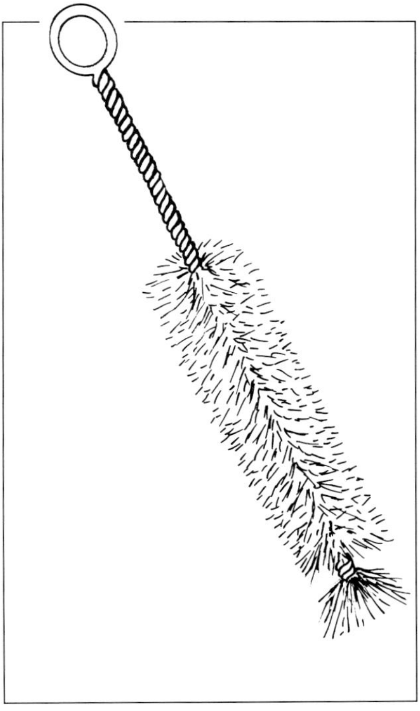

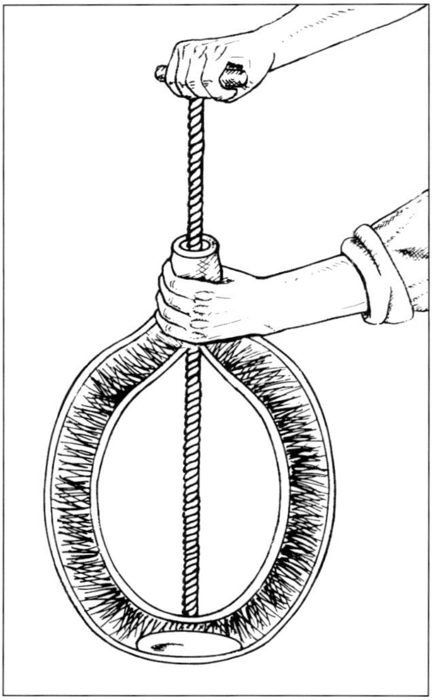

Ballonbürste mit spreizbaren und auswechselbaren Borstenbündeln.

nehmen, weil sonst das Glas Kratzer bekommt.

Meist sind die Ballons aus farblosem Glas. Man muss sie deshalb vor Sonneneinstrahlung schützen, sonst erhalten rote Fruchtweine leicht einen Braunstich. Durch das Glas sieht man, wieviel Wein im Ballon ist, kann den Gärverlauf und die Klärung beobachten und sieht auch, wieviel Hefetrub sich abgesetzt hat.

Nachteilig ist nur, dass Glas beim harten Anstoßen oder Hinfallen leicht bricht. Auch kann die große Wärmeleitfähigkeit des Glases zu unerwünschten Temperaturschwankungen im Wein führen. Diese Nachteile lassen sich durch den früher allgemein üblichen strohgefüllten Weidenkorb oder jetzt noch besser durch eine ringsum schützende, gitterartige Kunststoffumhüllung ausgleichen. Größere Ballons gibt es auch mit Zapfhahn.

Holzfässer

Weil sie schon seit vielen Jahrhunderten benutzt werden, steckt in ihnen ein Stück Romantik und Nostalgie. Will man aber Misserfolge und schlimme Enttäuschungen vermeiden, so muss man Vor- und Nachteile des Holzfasses unsentimental abwägen und eine rein sachliche Entscheidung treffen.

Als Vorteil wird genannt: Holz atme und sei ein natürliches lebendiges Material. Tatsache ist: Holz ist porös. Der werdende Wein kommt durch die Poren mit Luft in Berührung. Er oxidiert und entwickelt dadurch schneller sein volles Aroma (Bukett). Er reift schneller, aber er altert auch bald. Besonders bei kleinen Fässern, die im Verhältnis zu ihrem Rauminhalt eine zu große Oberfläche haben, kann zuviel Sauerstoff in den Wein gelangen, und zuviel Flüssigkeit, in erster Linie Alkohol, verdunsten, insbesondere wenn das Fass in einem trockenen Raum liegt. Deshalb lehnen Weinfachleute Holzfässer unter 200 l Inhalt wegen zu starkem Schwund und zu großer Sauerstoffaufnahme ab und fordern im Keller mindestens 75 % relative Luftfeuchtigkeit. Annehmbare Holzfässer sind also für die meisten Hobby-Weinbereiter viel zu groß. Außerdem fehlt es bei den heutigen

Wohnverhältnissen an geeigneten Fasskellern.

Gebrauchte Fässer müssen immer sehr sorgfältig und fachgerecht gepflegt werden. Setzt sich Schimmel an, so riechen sie muffig. Der Geruch geht in den Wein und kann ihn sogar ungenießbar machen. Auch Essigsäurebakterien können sich im Holz festsetzen und den Wein in Essig umwandeln. Ist dies einmal geschehen, so ist das Fass für immer unbrauchbar. Jedes leere Holzfass ist für Schimmelbefall und Essigstich sehr anfällig. Bei geringer Luftfeuchtigkeit trocknet es auch aus und die Dauben werden locker. Deshalb müssen die leer gewordenen Fässer umgehend konserviert werden. Früher geschah dies meistens durch Einhängen und Verbrennen von einer Schwefelschnitte je 100 l Fassraum. Jetzt wird eher die Nasskonservierung angewendet: je 100 l Fassraum werden 100 g Kaliumpyrosulfit und 20 g Zitronensäure in Wasser gelöst. Die Fässer bleiben dann voll gefüllt stehen.

Da auch die Gärführung im Holzfass nicht ganz einfach ist und man den Gärverlauf nicht gut beobachten kann, ist zusammenfassend zu sagen: Wenn man einen »richtigen« Weinkeller und darin gute Fässer hat, in denen bisher ein guter Wein herangereift ist, soll man sie auch weiterhin behalten und sorgfältig pflegen. Wer aber nicht gelernt hat, damit umzugehen und auch keinen Weinküfer an der Hand hat, der die Fasspflege fachmännisch besorgt, soll sich weder ein gebrauchtes noch ein neues Weinfass anschaffen. Neue Weinfässer müssen übrigens erst durch langwieriges Auslaugen der löslichen Stoffe »weingrün« gemacht werden.

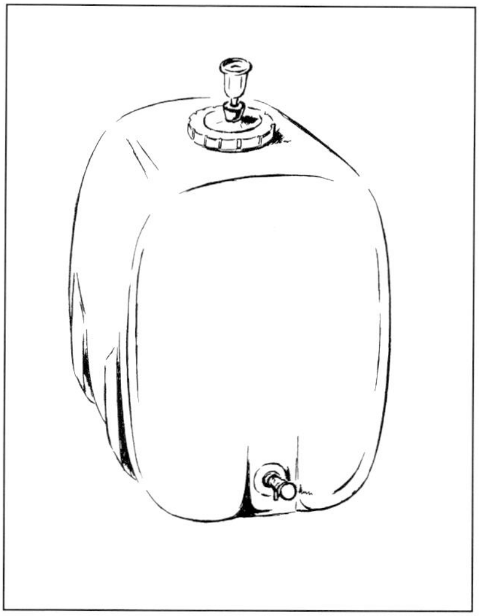

Platzsparendes Oval-Gefäß (60–300 Liter).

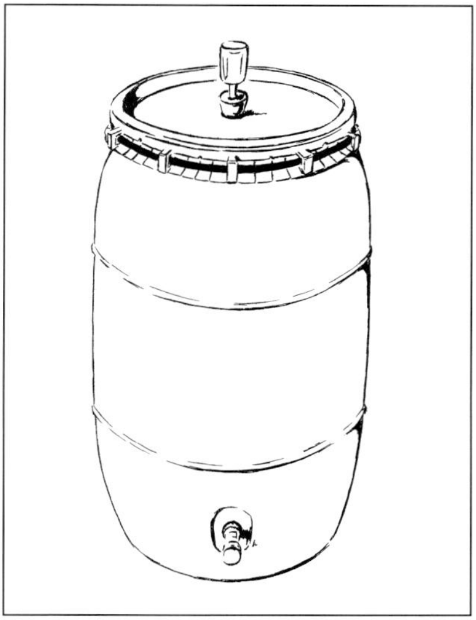

Rund-Fass mit großem Klemmdeckel (60–220 Liter).

Kunststoffbehälter
Es gibt sie rund oder oval in verschiedenen Größen von 12 bis 500 l Inhalt. Sie sind mit Deckel und Gäraufsatz sowie mit Zapfhahn ausgerüstet, formschön, standfest und platzsparend. Am besten sind sie aus ungefärbtem, lebensmittelechtem Niederdruckpolyethylen (NPE). Dieses Material bringt keinen Fremdgeschmack in den Wein. Es ist flüssigkeits-, luft- und aromadicht, sowie stoß- und schlagfest. Außerdem ist es transparent, so dass die Füllhöhe sowie beim Reinigen jeder Schmutz sichtbar werden. Bei der Reinigung genügt heißes Wasser. Die Einfüllöffnung ist so groß, dass man mit einer Bürste bis in die äußerste Ecke kommt. Sind die Behälter sauber mit Wasser ausgeschwenkt, so können sie in einem trockenen Raum bis zur nächsten Füllung aufbewahrt werden.

Mostverbesserung

Während bei den unvergorenen Fruchtsäften das richtige »Einstellen« auch noch unmittelbar vor dem Trinken erfolgen kann, müssen bei der Fruchtweinherstellung Wasser und Zucker vor der Gärung zugesetzt werden. Dabei ist aber zu bedenken: Mit Wasser kann man wohl einen zu hohen Säuregehalt herabsetzen und mit Zucker einen höheren Alkoholgehalt erreichen. Aber die geschmacklich und geruchlich wertvollen Aromastoffe der Früchte können hierdurch nicht gebil-

Kunststoff-Gärbehälter, Inhalt 15 und 30 Liter, formschön, hygienisch einwandfrei und leicht zu handhaben.

det oder ersetzt werden. Um die richtigen Zusatzmengen genau ermitteln zu können, müssen vorher Säuregehalt und Öchslegrade des einzustellenden Mostes gemessen werden (siehe Seite 68).

Bei Kernobstmost sollte man kein Wasser zusetzen, höchstens 10 %, wenn ein Übermaß an Säure (mehr als 8 g/l) vorhanden ist. Säure und Alkohol, die dadurch herabgesetzt werden, sind wichtige Schutzstoffe gegen unerwünschte Mikroorganismen. Man muss auch bedenken, dass der Säuregehalt der Fruchtweine durch den biologischen Säureabbau (siehe Seite 89) noch erheblich zurückgehen kann.

Säurearme Moste sollten durch Verschneiden mit säurereichen auf 7 bis 8 g/l gebracht werden. Ist dies nicht möglich, so kann man Milchsäure zusetzen. Außer bei Kernobstmost kann der Milchsäurezusatz auch bei Erdbeermost erforderlich sein. Bei Hagebutten wird er schon der Maische beim Angären zugesetzt (siehe Seite 75). Mehr als 3 g (3,75 ml 80%ige) Milchsäure sollte man pro Liter Most nicht zugeben. Man darf auch die Milchsäure nicht nach Gutdünken, sondern nur aufgrund einer Säurebestimmung zusetzen.

Weintrauben, die aus Liebhaberei in klimatisch ungünstigen Lagen gezogen werden, haben oft so hohe Säurewerte, dass ein Entsäuern mit kohlensaurem Kalk zweckmäßig erscheint. Um den Säuregehalt des Mostes um 1 g/l zu reduzieren, sind pro Liter 0,7 g kohlensaurer Kalk erforderlich.

Trockenzuckerung

Eine Korrektur des Mostgewichtes sollte man bei Kernobstweinen zunächst durch Verschneiden versuchen (siehe Seite 11). Da es aber nur selten möglich ist, auf diese Weise mehr als 50 °Oe zu erreichen, ist ein Zuckerzusatz empfehlenswert. Für eine Erhöhung des Mostgewichtes um 1 °Oe müssen dem Saft pro Liter 2,6 g Zucker zugegeben werden. Gewerbliche Hersteller dürfen Kernobstmoste nur auf höchstens 55 °Oe aufzuckern (und den Obstwein dann nicht mehr als naturrein bezeichnen).

Dagegen ist es für den Hobby-Weinbereiter vorteilhaft, bis auf etwa 60 °Oe zu gehen. Man erhält dann ein Getränk mit theoretisch bis zu 7,5 %vol Alkohol, praktisch sind es immer etwas weniger (Faustregel: °Oe : 8 = %vol möglicher Alkohol).

Ein solcher Apfelwein ist besser vor dem Verderb geschützt und länger haltbar. Wer lieber etwas Erfrischenderes mit weniger Alkohol trinken möchte, kann sich ja später mit Mineralwasser daraus einen »Gespritzten« mischen.

Beispiel
Um 25 l Apfelmost von 44 °Oe auf 58 °Oe zu erhöhen, sind 910 g Zucker erforderlich.

Berechnung

Die Erhöhung beträgt
58 – 44 = 14 °Oe.
Dafür sind
14 × 2,6 = 36,4 g Zucker
pro Liter erforderlich,
das macht
25 × 36,4 = 910 g Zucker
insgesamt.

Auf diese Weise können auch Traubenmoste mit zu niedrigen Öchslegraden verbessert werden.

Die erforderliche Zuckermenge wird zunächst in einer kleineren Mostmenge aufgelöst, danach wird die Lösung mit dem übrigen Most vermischt.

Nasszuckerung
Bei den meisten Beeren- und Steinobstmosten ist der Säuregehalt zu hoch und der Zuckergehalt zu niedrig. Hier gelingt es nur mit Hilfe der Nasszuckerung, das heißt mit Wasser- und Zuckerzusatz, einen im Geschmack harmonischen Wein mit ausreichendem Alkoholgehalt zu erzielen. Der fertig eingestellte Most sollte aber noch etwa 8 g/l Säure haben. Die Säure hilft mit, den Wein gesund zu erhalten. Deshalb wäre eine zu starke Verdünnung schädlich.

Der Alkoholgehalt sollte bei einem guten, haltbaren Beeren- oder Sauerkirsch-Fruchtwein zwischen 8 und 11 %vol betragen. Also muss das Mostgewicht vor der Gärung zwischen 64 und 88 °Oe liegen (Faustregel: %vol Alkohol × 8 = °Oe).

Die Berechnung der Wasser- und Zuckerzusätze erfolgt mit Hilfe der auch bei unvergorenen Fruchtsäften üblichen Formeln (siehe Seite 70).

Beispiel
Um 20 Liter fertig eingestellten Sauerkirschmost (l Fw) von 9,5 g/l Säure (S Fw) und 82 °Oe zu erhalten, benötigt man von einem Sauerkirschsaft, der 18 g/l Säure und 43 °Oe aufweist, 10,55 l (l Hw). Zugesetzt werden 3170 g Zucker (g Z) und 7,5 l Wasser (l W).

Berechnung

$$\frac{\text{l Fw} \times \text{S Fw}}{\text{S Hw}} = \frac{20 \times 9{,}5}{18}$$

$$= 10{,}55 \text{ l Hw}$$

$$(\text{l Fw} \times {}^\circ\text{Oe Fw} - \text{l Hw} \times {}^\circ\text{Oe Hw}) \times 2{,}67 = \text{g Z}$$

$$(20 \times 82 - 10{,}55 \times 43) \times 2{,}67$$

$$= 3\,168 \text{ g Z}$$

$$\text{l Fw} - (\text{l HW} + \text{kg Z} \times 0{,}625)$$

$$= \text{l W}$$

$$20 - (10{,}55 + 3{,}17 \times 0{,}625)$$

$$= 7{,}47 \text{ l W}$$

Bei Fruchtdessertweinen muss der Most, um 13 bis 16%vol Alkohol zu erreichen, auf 110 bis 130 °Oe eingestellt werden. Dies erfordert sehr hohe Zuckerzusätze. Eine zu hohe Zuckerkonzentration schwächt aber die Hefen und kann im Most zu Gärstockungen führen. Deswegen ist es ratsam, den benötigten Zucker nicht auf einmal, sondern in mehreren Raten zuzugeben: Zunächst gibt man nur die halbe Menge hinzu. Den Rest teilt man in drei Teile und gibt sie immer dann zu, wenn die stürmische Gärung wieder etwas nachlässt. Dadurch erzielt man ein rascheres Durchgären.

Bei der Nassverbesserung kann der Most mit einer vorher hergestellten Standard-Zuckerlösung (siehe Seite 66) angereichert werden. Man kann auch den abgewogenen Zucker in der gesamten Wassermenge auflösen.

Bei der Einstellung von Dessertweinen kann man mit dem Zucker auch das Wasser in Raten zugeben.

Gärführung und Gärverlauf

Spontangärung
Der Winzer überlässt den Most aus gesunden Weintrauben einer Spontangärung, das heißt, er lässt ihn von selbst gären. Die in dem Traubenmost von Natur aus vorhandenen Mikroorganismen sind überwiegend echte Weinhefen, im Boden des Weinbergs durch natürliche Auslese entstanden.

Die Zutaten für 25 Liter Johannisbeer-Dessertwein.

Zusammen mit anderen Faktoren geben sie dem Wein seinen natürlichen Gebietscharakter.

Etwas anderes ist es, wenn Reben als Wandspalier außerhalb von Weinbaugebieten gezogen werden. Dann haben die Trauben nicht den Vorteil einer genügenden Anzahl echter Weinhefen. Auch Beeren, Sauerkirschen und die anderen zur Weinbereitung geeigneten Früchte bringen meistens nur gärschwache Wildhefen mit, die keinesfalls über 10 %vol Alkohol erzeugen können. Hier kann man mit einer Spontangärung höchstens leichte Tischweine mit niedrigem Alkoholgehalt erhalten.

Nach alter Überlieferung wird Apfelwein auch noch spontan vergoren. Hier überwiegen die Apiculatus-Hefen. Sie können nur etwa 6–8 %vol Alkohol bilden. Dies reicht meistens aus, um allen in den Äpfeln vorhandenen Zucker zu vergären. Aber sie erzeugen auch reichlich Essigsäure und ganz typische Aromastoffe. Diese werden zwar von den Liebhabern des »Frankfurter Äbbelwoi« und des süddeutschen »Moscht« geschätzt, von anderen aber als »unsauberer« Geschmackston bezeichnet.

Oft werden die Apiculatus-Hefen auch von ausgesprochenen Gärungsschädlingen, wie Kahm- und Schleimhefen, Essigsäurebakterien und verschiedenen Schimmelpilzen, begleitet. Werden diese nicht durch eine massive Schwefelung unterdrückt, so können sie viele Stoffwechselprodukte bilden, die sich auf Geschmack, Farbe und Klarheit des Apfelweins negativ auswirken. Wenn also der Hausweinbereiter ein möglichst wohlschmeckendes, bekömmliches Getränk ohne unangenehme Geruchs- und Geschmackstoffe haben will, so sollte er den Most nicht einfach seinem Schicksal überlassen, sondern den Gärverlauf lenken.

Reinzuchthefen

Der Geschmack wird »reintöniger« und die Gärung verläuft auch zügiger, wenn dem Most eine genügend große Anzahl Reinzucht- oder Kulturhefen zugesetzt werden. Diese können auch den zugegebenen Zucker vergären, wozu die »wilden« Apiculatushefen nicht fähig sind. Für die verschiedenen Obst- und Fruchtweine wurden speziell geeignete, reine Heferassen gezüchtet. Sie werden ständig von Hefezuchtbetrieben vermehrt und auch in kleinen Portionen angeboten.

Für den Hobby-Weinbereiter eignen sich am besten Reinzuchthefen in leicht gärendem Zustand, die in Plastik-Kulturfläschchen verpackt sind. Ein solches Fläschchen muss man vor dem Öffnen mehrmals kräftig durchschütteln und so die Hefen gleichmäßig in der Flüssigkeit verteilen. Der Inhalt reicht aus für 50 bis 60 l Most. Zur besseren Vermischung rührt man die Kultur zuerst in eine kleine Menge Most ein. Erst dann gibt man sie zur Gesamtmenge in den Gärbehälter.

Die Kulturhefen können nur dann die Gärung übernehmen, wenn sie im Vergleich zu den »wilden« Hefen in der Überzahl sind. Deshalb müssen sie gleich nach der Kelterung zugesetzt werden, wenn sich die bereits im Most vorhandenen Hefen noch nicht wesentlich vermehrt haben.

Verkorkte und etikettierte Flaschen mit Johannisbeer-Dessertwein.

Gärstarter
Um ihr die besten Startbedingungen zu geben, kann man die Hefekultur einige Tage lang vorvermehren. Man setzt einen »Gärstarter« an. Dazu werden 80 bis 120 g Zucker in etwa einem halben bis dreiviertel Liter erhitztem (pasteurisiertem) Fruchtsaft aufgelöst. Nach dem völligen Abkühlen wird Reinzuchthefe zugegeben. Es genügt ein kleiner Schuß aus dem aufgeschüttelten Kulturfläschchen. Mit dieser Mischung wird eine saubere Flasche bis zu drei Viertel gefüllt. Sie wird mit einem Wattebausch oder einem kleinen Gäraufsatz verschlossen und an einen warmen Ort (20 bis 22 °C) gestellt. Nach zwei bis vier Tagen hat sich die Reinzuchthefe stark vermehrt und man erkennt an Schaum- und Kohlendioxidbildung, dass eine Gärung stattfindet. Nun kann man den Gärstarter in den gesamten Most geben. Dort beginnt nach weiteren drei Tagen die stürmische Gärung.

Unerlässlich ist der Gärstarter, wenn man Reinzuchthefe aus Ampullen oder Trockenhefe verwendet. Geht man von Säften, die im Dampfentsafter gewonnen wurden, also von pasteurisierten Fruchtsäften aus, so sollte man die Kulturhefen ebenfalls vorvermehren, damit die Gärung flott in Gang kommt.

Schwefelung
Reinzuchthefen sind Sulfithefen, das heißt, sie vertragen im Gegensatz zu anderen Mikroorganismen eine leichte Schwefelung. Sie vermehren sich danach immer noch rascher als die wilden Hefen und erzeugen bald einen so hohen Alkoholgehalt, dass die Konkurrenz völlig ausgeschaltet wird.

Für kleine Mostmengen gibt es Schwefeltabletten (je 1 g Kaliumpyrosulfit). Sie werden zu Pulver zerrieben, dann in etwas Saft oder Wasser aufgelöst und gleichmäßig eingerührt. In gesunden Mosten ist vor der Gärung eine Dosis von 0,2 bis 0,4 g pro 10 l Most ausreichend (und auch gesundheitlich völlig unbedenklich). Außer der Unterdrückung von Gärschädigern hat die Schwefelung auch den Zweck, den Wein vor Oxidationsschäden (Braunwerden) zu schützen, denn damit ist immer auch eine geschmackliche Beeinträchtigung verbunden.

Hefenährsalz
Außer Zucker brauchen die Hefen vor allem Stickstoffverbindungen, um ihr eigenes Zelleiweiß aufzubauen. Auch spielt bei der Gärung die Phosphorsäure eine bedeutende Rolle. Diese Verbindungen finden die Hefen,

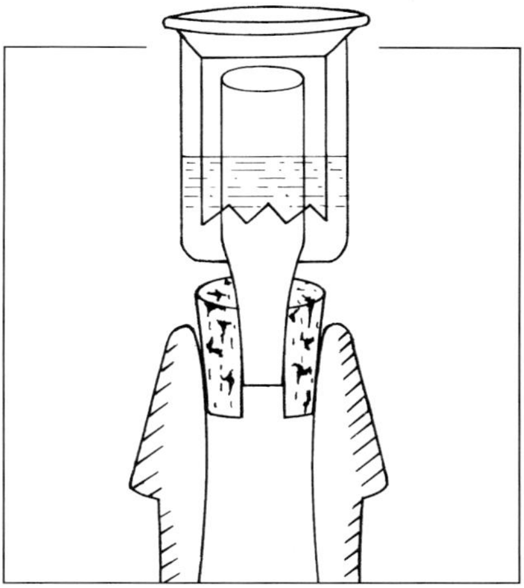

Der Gäraufsatz »Hobby« funktioniert nach dem Prinzip der Flüssigkeitssperre.

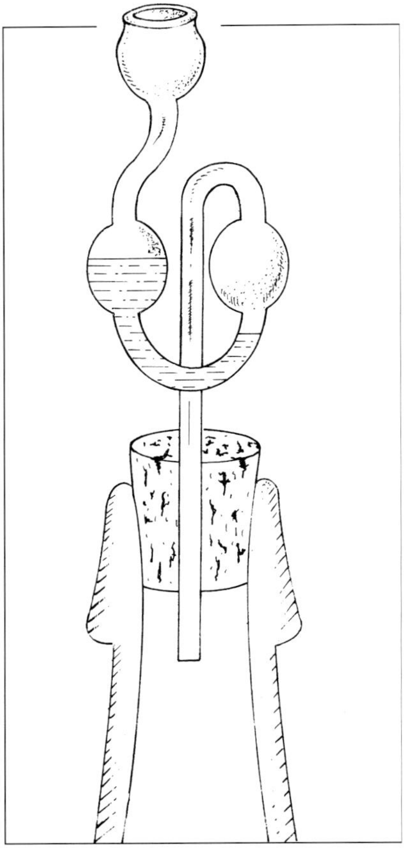

Gärröhre mit durchbohrtem Korken als Flüssigkeitssperre.

besonders im trüben Most, gewöhnlich in ausreichender Menge vor. Sicherer ist es aber, sie vor der Gärung in Form von Hefenährsalz zuzusetzen. Das verhilft den Hefen zu einem guten Start und verhindert ihr vorzeitiges Absterben aus Nahrungsmangel. Hefenährsalz gibt es ebenfalls in Tablettenform. Die Tabletten werden zu Pulver zerrieben und in wenig Wasser aufgelöst, bevor man sie dem Most zugibt. Man kann statt der Tabletten auch Ammoniumphosphat als Pulver kaufen. Im Allgemeinen genügen etwa 2 bis 4 g pro10 l Most.

Gärverschluss

Manche Hobby-Weinbereiter sind der irrigen Meinung, bei der Gärung müsse der »Dreck« herauskommen. Sie füllen die Gärbehälter randvoll, lassen sie offen und legen alte Lappen oder eine Plastikrinne um die Öffnung, die den überquellenden Schaum auffangen sollen. Abgesehen von Verlusten durch Überlaufen können dabei Luftsauerstoff, Mikroorganismen und Essigfliegen ungehindert in den Gärbehälter gelangen und den Wein verderben. Man darf deshalb die Gärgefäße nicht bis obenhin füllen, sondern muss einen Leerraum von etwa 10 bis 15 % der Füllmenge lassen. Dann verschließt man das Gärgefäß mit einem durchbohrten Stopfen oder einer gelochten Gummikappe und setzt einen Gärverschluss auf. Es gibt dafür verschiedene Gärröhrchen, Gärzylinder und Gärtrichter. Sie erfüllen alle ihren Zweck nach dem gleichen Prinzip: Eine Flüssigkeitssperre (es genügt Wasser, das von Zeit zu Zeit erneuert wird) lässt das Kohlendioxid entweichen, verhindert aber das Eindringen von Luft (Sauerstoff), Staub, Keimen und Essigfliegen. Dadurch wird eine saubere Gärung ohne schädliche Einflüsse von außen ermöglicht. Das Kohlendioxid sammelt sich über der Flüssigkeit, verdrängt die leichtere Luft, baut einen ganz geringen Überdruck auf und verhindert so schädliche Oxidationen. Der Gärverschluss muss so fest sitzen, dass das Kohlendioxid keinen anderen Weg findet als durch die Sperrflüssigkeit. So kann man auch den Gärverlauf durch Beobachten der aufsteigenden Kohlendioxidblasen gut kontrollieren.

Gärverlauf

Man sollte zwar eine flotte Gärung anstreben, sie darf aber keineswegs zu stürmisch verlaufen, weil das Aromaverluste mit sich bringt. Deshalb soll die Gärtemperatur unter dem Optimum der Hefen liegen. Zu Beginn der Gärung sind etwa 15 °C (bei Fruchtdessertweinen etwa 18 °C) richtig. Man muss auch bedenken, dass durch die Hefetätigkeit Wärme entsteht. Dadurch kann die Gärflüssigkeit auch in kleinen Behältern (besonders bei wärmeisolierender Umhüllung) 2 bis 3 °C wärmer als die Umgebung werden.

In sehr kühlen Räumen muss man Kaltgärhefen verwenden, die noch bei 6 bis 8 °C leistungsstark sind. Bei Temperaturen über 25 °C werden die Hefen bereits geschädigt, während z. B. Essig- und Milchsäurebakterien dann die besten Bedingungen haben.

Etwa zwei bis drei Tage nach dem Reinhefezusatz sollte die Gärung eingesetzt haben und nach weiteren drei bis vier Tagen ihren Höhepunkt erreichen. Der Most wird trüb, bewegt sich und schäumt. Das entweichende Kohlendioxid beginnt in der Sperrflüssigkeit heftig zu blubbern. Wurde zuviel Most eingefüllt, so schäumt er über und der Gäraufsatz kann verstopfen. Man muss ihn deshalb abnehmen, reinigen und nachdem man etwas Most abgezogen hat, wieder aufsetzen.

Das Kohlendioxid kann nur gefährlich werden, wenn in einem verhältnismäßig kleinen Raum mehrere große Behälter gleichzeitig gären. Zur Sicherheit sollte man dann eine brennende Kerze auf den Boden stellen. Geht sie aus, so besteht Erstickungsgefahr.

Die »stürmische« Gärung dauert bei leichten Tischweinen etwa eine Woche. Bei Dessertweinen kann sie sich wesentlich länger hinziehen. Dann wird das Blubbern oder Klappern in den Gäraufsätzen langsamer, der Schaum verschwindet. Jetzt füllt man den Gärbehälter auf. Den Gäraufsatz bringt man aber wieder an, um dem Most das schützende Kohlendioxid zu erhalten. Durch allmähliche Temperatursenkung, etwa durch Öffnen der Fenster bei Nacht, kann man die jetzt beginnende ruhige Gärphase verlängern. Das Aroma des Weines kann dadurch nur gewinnen.

Wenn kein Kohlendioxid mehr aus dem Gäraufsatz entweicht, kann man versuchen, durch Rühren oder Schütteln des Behälters die Hefe noch einmal zu aktivieren. Gelingt dies nicht mehr, lagert sich der Hefetrub bald wieder am Boden ab, und wird der Most immer klarer, so ist die Gärung beendet. Die am Boden liegenden Hefen sterben ab.

Beim Verkosten des jungen Weines merkt man, ob aller Zucker vergoren ist. Dies kann man auch mit der Mostwaage messen. Zeigt die Spindel jetzt Werte um Null Grad Öchsle an, so erhält man einen durchgegorenen, trockenen Wein.

Die gesamte Gärdauer ist, je nach Zuckerkonzentration und Temperatur, sehr verschieden. Bei Kernobstmosten liegt sie etwa zwischen drei und zwölf Wochen. Dagegen kann sie bei Fruchtdessertweinen, wo die errechnete Zuckermenge in mehreren Raten zugegeben wird (siehe Seite 80), bis zu einem Jahr dauern.

Hier sollte man nur die Zuckermenge zugeben, die zur Erreichung des gewünschten Alkoholgehaltes (13 bis 16%vol) nötig ist. Die Abstimmung auf den gewünschten, süßen Geschmack sollte erst unmittelbar vor dem Abfüllen auf Flaschen (siehe Seite 88) erfolgen.

Enthält der Most mehr Zucker als die Hefen vergären können, so bleibt noch unvergorener Restzucker zurück, weil die Hefen schließlich an ihrem eigenen Stoffwechselprodukt, dem Alkohol (bei 15 bis 18%vol), zugrunde gehen. Ein vorzeitiges Stoppen der Gärung durch starkes Schwefeln oder Zusetzen anderer chemischer Konservierungsmittel sollte man unterlassen.

Abstich und Ausbau

Erster Abstich

Etwa zwei bis vier Wochen nach beendeter Gärung werden die Fruchtweine abgestochen, das heißt von der Hefe getrennt. Geschieht dies nicht rechtzeitig, so zersetzen sich die abgestorbenen Hefen allmählich. Sie trüben das Getränk wieder und verursachen den »Hefeböckser«, der den Wein durch widerlichen Geruch und Geschmack verdirbt.

Nur bei dem nach traditioneller Methode hergestellten »Äbbelwoi« oder »Moscht« wird hier noch oft eine Ausnahme gemacht. Diese lässt man manchmal ein halbes Jahr oder noch länger auf der Apiculatus-Hefe liegen. Dadurch soll das Wachstum von Milchsäurebakterien angeregt werden, die den biologischen Säureabbau bewirken.

Abstich aus einem hochgestellten 25-Liter-Ballon in kleinere 5-Liter-Korbflaschen.

Beim Abstich wird der Jungwein aus dem vorsichtig hochgestellten Gärbehälter in einen anderen, tieferstehenden abgezogen. Das geht ohne weiteres mit einem Schlauch (etwa 2 m lang 1 cm Durchmesser) aus durchsichtigem Plastik. Es gibt aber auch Weinheber für diese Arbeit. Der Gärbehälter muss ruhig stehen und der Schlauch darf nicht zu tief ins Gefäß rutschen, weil sonst der Trub aufgewirbelt wird und Teilchen davon beim Ansaugen mitgerissen werden. Das Schlauchende soll tief in das unten stehende Gefäß hineinragen. Hängt es ebenfalls im Wein, so wird größere Sauerstoffaufnahme vermieden.

Den Trub gibt man in hohe, schlanke Flaschen und lässt ihn sich nochmals absetzen. Man kann ihn auch filtern (siehe Seite 64).

Beim Abstich sollte der Jungwein wieder leicht geschwefelt werden. Das soll ihn weiterhin vor dem Braunwerden schützen und die Klärung beschleunigen. Wie vor der Gärung genügen auch hier normalerweise 0,2 bis 0,4 g Kaliumpyrosulfit auf 10 l Most. Bei leichten Tischweinen und bei Apfelwein muss das Lagergefäß wieder so voll gefüllt werden, dass der Gäraufsatz gerade noch Platz hat. Bei Dessertweinen ist dies nicht unbedingt erforderlich, da zu ihrem weiteren Ausbau und zur gewünschten Reifung eine gewisse Sauerstoffaufnahme erforderlich ist. Weil nach dem ersten Abstich meistens noch eine kleine Nachgärung einsetzt, bildet sich bald wieder ein Kohlendioxid-Schutz aus.

Der Jungwein wird nun in einen etwas kühleren Raum gebracht (10 bis 12 °C). Hier geht die weitere Klärung rasch voran und es setzt sich nochmals Hefetrub am Boden ab.

Lässt man einen Wein nach dem ersten Abstich längere Zeit liegen, so setzt häufig eine erneute Kohlendioxidbildung ein. Dies geschieht vor allem, wenn im Frühjahr die Temperatur ansteigt. Hierbei handelt es sich aber nicht um die von Hefen bewirkte alkoholische Gärung, sondern um den schon mehrfach erwähnten, durch Milchsäurebakterien verursachten biologischen Säureabbau. Bei der Traubenweinherstellung und auch beim traditionell hergestellten Apfelwein (siehe Seite 86) ist dieser Vorgang erwünscht. Bei der Fruchtweinbereitung aus Beeren und Steinobst braucht man ihn dagegen nicht; da wird ja durch Wasserzusatz der richtige Säuregrad eingestellt.

Zweiter Abstich

Etwa sechs bis acht Wochen nach dem ersten Abstich kann der zweite erfolgen. Bis dahin hat sich ein richtig hergestellter Fruchtwein meist völlig geklärt, die Gärung hat aufgehört und es bildet sich kein Kohlendioxid mehr.

Der Gärzylinder kann jetzt mit einer »Trockenfüllung« (Gemisch aus fünf Teilen Kaliumpyrosulfit und einem Teil Zitronensäure) versehen und als »Selbstschwefler« benutzt werden. (Gärröhrchen eignen sich hierfür nicht.) Um das Getränk zu probieren, kann der Gäraufsatz jedesmal kurz abgenommen werden.

Man schmeckt jetzt, dass die Kohlensäure weniger wird: Das »Bitzeln« auf der Zunge lässt nach. Der Fruchtwein wird allmählich »weicher« und milder im Geschmack. Manche trinken ihn in diesem Zustand schon recht gerne.

Normalerweise wird ein Obst- oder Fruchtwein nach zwei Abstichen so klar, dass man weder eine Filtration noch eine Schönung vornehmen muss. Eine geringfügige Trübung, die den Geschmack keineswegs beeinträchtigt, kann als kleiner Schönheitsfehler vom Selbsthersteller ruhig hingenommen werden. Gewöhnliche Papier-Faltenfilter oder gar Kaffeefilter könnten auch die sehr feinen Trubstoffe gar nicht zurückhalten und wären wegen der erheblichen Sauerstoffaufnahme nur schädlich.

Filtern und Schönen

Will man als Hausweinbereiter unbedingt einen glanzklaren Wein, so kann man nach dem Anschwemmverfahren filtern: Zuerst kommt ein Perlonfilterbeutel als Stützschicht in den Trichter. Dann wird Filterpulver mit etwas Wein zu einem Brei angerührt und in den Beutel geschüttet. Den ablaufenden Wein gibt man so lange in den Filter zurück, bis er ganz klar ist. Erst jetzt gibt man weiteren Wein hinzu und die eigentliche Filterung beginnt. Als Filterpulver werden für die Hausweinbereitung meist Mischungen aus Zellulose, Kieselgur und Asbest angeboten.

Auch Schönungsmittel (Gelatine, Kieselsol und Bentonit) gibt es jetzt in Kleinpackungen mit Dosiervorschrift zu kaufen. Sie sind aber im Allgemeinen nicht erforderlich.

Nachsüßen

In letzter Zeit werden trockene Weine immer beliebter und auch die selbstgemachten Fruchtweine werden gerne ohne viel Restsüße getrunken. Dessertweine sollen dagegen süß schmecken. Haben sie zu wenig Zucker, so können sie jetzt nach Geschmack nachgesüßt werden: Man gibt am besten zunächst zu einer entnommenen Probemenge 20 g Zucker pro Liter, löst ihn vollständig auf und probiert. Sollte dies noch nicht ausreichen, so kann man die Zugabe noch um jeweils 5 oder 10 g/l steigern, bis die geschmacklich zusagende Menge erreicht ist. Nun kann man den für die gesamte Weinmenge erforderlichen Zucker ausrechnen und zusetzen. Er löst sich bei leichtem Umrühren schnell auf. (Statt Zucker kann man auch eine entsprechende Süßstoffmenge zugeben.) Die Restsüße ist reine Geschmackssache. Sie gibt auch den leichteren Fruchtweinen einen lieblichen Charakter. Man kann sie auch durch Zugabe von Süßreserve erreichen. Dazu braucht man sich nur einen entsprechenden unvergorenen, eventuell etwas gesüßten und haltbar gemachten Fruchtsaft bereitzuhalten. Dieser wird erst nach dem zweiten Abstich dem fertigen Fruchtwein zugesetzt und kann schon in geringen Mengen (etwa im Verhältnis 1:20) eine wesentliche Abrundung des Geschmacks bewirken.

Nach der Zuckerung oder der Zugabe von Süßreserve können nochmals leichte Trübungen auftreten. Es kann sogar eine erneute Gärung einsetzen. Will man also in Flaschen abfüllen, so muss man jetzt noch einige Zeit warten und beobachten, ob der Wein völlig ruhig und klar bleibt.

Soll nicht in Flaschen abgefüllt werden, der Fruchtwein also zum Abzapfen im großen Behälter bleiben, so muss er alsbald getrunken werden. Trotz kühler Lagerung und einer Trockenfüllung im Gärzylinder (siehe Seite 87) sind die Fruchtweine beim Entnehmen aus größeren Behältem gefährdet. Essigsäurebakterien und Kahmhefen gelangen ja nicht nur aus der Luft in den Wein, sondern können auch in geringer Zahl noch darin vorhanden sein. Bei Luftzutritt vermehren sie sich und führen zu Essigstich und Kahmigwerden. Um dies zu vermeiden, kann man leichte, zum baldigen Verbrauch bestimmte Fruchtweine beim zweiten Abstich auch in mehrere kleinere Ballons (5 oder 10 Liter) füllen, damit sie nicht zu lange im Anbruch sind.

Flaschenfüllung

Sollen Fruchtweine länger haltbar bleiben, so ist unbedingt die Abfüllung auf Flaschen zu empfehlen. Sie ist vor allem bei den alkoholreichen Dessertweinen notwendig.

Vorher sollte nochmals leicht geschwefelt werden. Dadurch wird der biologische Säureabbau im Wein gehemmt und damit der Alterungsprozess verlangsamt. Je alkoholreicher der Fruchtwein ist und je länger er in Flaschen gelagert werden soll, desto mehr Kaliumpyrosulfit (von 0,2 bis 0,8 g pro 10 l) muss man jetzt zugeben. Diese Schwefelung lässt sich aber weitgehend durch L-Ascorbinsäure (Vitamin C) ersetzen (0,75 bis 1,5 g pro 10 l Most). Diese verbraucht den bei der Abfüllung aufgenommenen Sauerstoff, verzögert dadurch die Alterung und wirkt günstig auf Geschmack und Aroma des Weines.

Den richtigen Zeitpunkt für die Abfüllung in Flaschen kann man am besten feststellen, wenn man eine Probe in eine saubere Flasche abfüllt, kräftig schüttelt, verschließt und einige Tage an einen warmen Ort stellt. Sind dann beim Öffnen der Flasche keine Anzeichen von Gärung (Gasentwicklung, Trübung) festzustellen, so kann die Gesamtabfüllung erfolgen.

Das bei den Fruchtsäften über Auswahl und Vorbereitung der Flaschen und Verschlüsse Gesagte (siehe Seite 49) gilt grundsätzlich auch für die Obst- und Fruchtweine. Hier werden aber fast nur normale Weinflaschen mit Natur- oder Kronkorkverschluss verwendet.

Nach gründlicher Reinigung kann man die Flaschen noch zusätzlich im Einkochapparat, mit Wasser gefüllt, im

Richtig abgefüllter Apfelwein bleibt in der Flasche haltbar. Traditionell wird er aus dem »Bembel« in gerippte Gläser ausgeschenkt.

Wasserbad auf 95 °C erhitzen oder auch trocken, im Backofen liegend, bei 110 °C sterilisieren. Man kann sie auch mit einer Lösung aus Kaliumpyrosulfit (40 g/l) und Zitronensäure (2 bis 4 g/l) ausschwenken. Die Lösung wird von einer Flasche in die andere geschüttet. Die Flaschen lässt man danach gut austropfen. (Vorsicht! Es entwickelt sich Schwefeldioxid mit sehr lästigem, stechendem Geruch).

Der Wein wird mit einem Schlauch oder Heber in die Flasche gefüllt. Eine Schlauchklemme oder ein Absperrhahn erleichtern die Arbeit. Ebenfalls

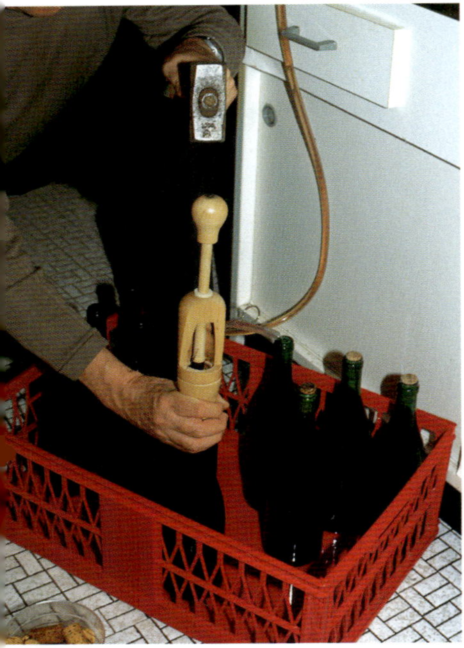

Mit Kraft, aber auch mit Gefühl müssen die Naturkorken eingeschlagen werden.

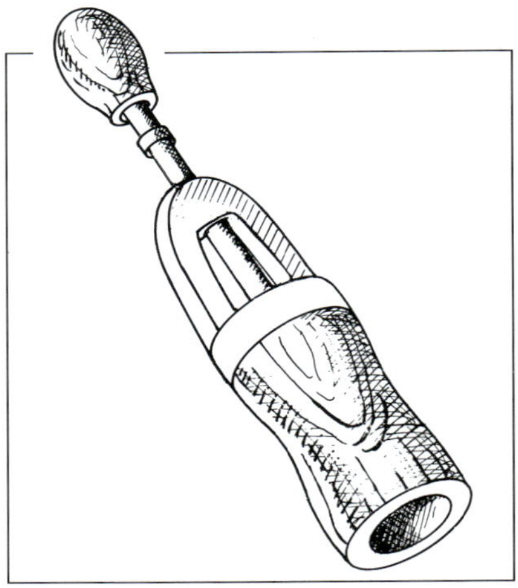

Einfacher Handverkorker aus Holz.

nützlich ist ein Kunststoff- oder Glasröhrchen am Schlauchende. Man kann es leicht bis auf den Flaschenboden einführen. So fließt der Wein ohne Luftberührung und ohne Schäumen in die Flaschen. Diese füllt man so voll, dass nach dem Verkorken nur noch ein etwa 1 cm hoher Luftraum bleibt.

Verkorken

Naturkorken müssen unbedingt neu, walzenförmig, mindestens 4 cm lang und von bester Qualität sein. Konisch zulaufende Korken lassen sich zwar leicht aufsetzen, sitzen aber nicht genügend fest. Gebrauchte Korken dürfen nicht verwendet werden. Sie enthalten massenhaft Keime und sind durch den Korkenziehergebrauch nicht mehr dicht. Wegen der vielen Poren sind auch neue Korken nur schwer zu desinfizieren. Man darf sie nicht mit kochendem Wasser überbrühen oder dämpfen, weil sie dadurch unelastisch werden und beim Flaschenöffnen brechen. Zur Desinfektion kann man sie in der vorher genannten Lösung von Kaliumpyrosulfit und Zitronensäure über Nacht einweichen. Dabei werden sie mit einem beschwerten Plastikdeckel (kein Metall!) untergetaucht. Jetzt gibt es auch »Sterilkorken«. Sie werden bereits vom Hersteller desinfiziert und in verschweißten Plastikbeuteln angeboten. Man braucht sie nur einen Tag lang zu wässern, damit sie weich werden und sich besser pressen lassen.

Es gibt einfache Handverkorker aus Holz, die aber viel Kraft erfordern.

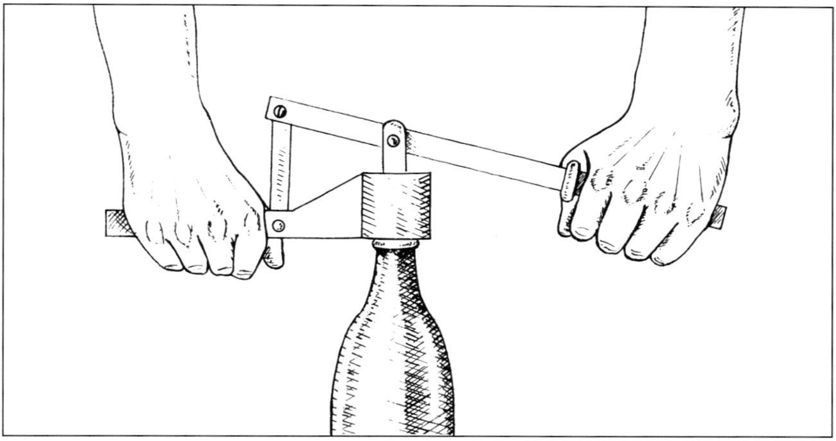

Einfacher Handverkorker mit Hebelwirkung.

Man stellt die Flaschen dabei auf eine weiche, rutschfeste Unterlage und nimmt am besten einen Gummi- oder Holzhammer zu Hilfe. (Vorsicht! Man muss den Korken »mit Gefühl« einschlagen, sonst gibt es Flaschenbruch). Es gibt auch Handverkorker, die den Korken mit Hebelwirkung in die Flasche treiben.

Kronkorken können nur mit einem speziellen Verkorker aufgesetzt werden, der ebenfalls mit Hebelwirkung funktioniert. Nach dem Verkorken müssen die Flaschen noch in klarem Wasser sauber abgewaschen werden.

Flaschenausstattung
Die Flaschenmündungen können mit Kapseln aus Aluminium (früher Stanniol) oder Kunststoff versehen werden. Diese gelten nicht nur als Zierde, vielmehr schützen sie den Korken auch vor Schimmelbefall und der Korkmotte.

Wer den »Selbstgemachten« verschenken oder ihm bei Gästen eine besondere Note geben will, kann auch jede einzelne Flasche mit einem Etikett versehen. Fertige Weinetiketten gibt es beim Kellereibedarfshandel. Man kann sich auch im Schreibwarengeschäft selbstklebende Etiketten besorgen und mehr oder weniger kunstvoll beschriften. Wer künstlerisch sehr begabt ist, kann sich auch die phantasievollsten eigenen Etiketten selbst entwerfen und mit dem Fotokopierer vervielfältigen. Sogar der Computer lässt sich beim Etikettenherstellen einsetzen. Man kann eine spezielle Software kaufen, mit der sich wunderschöne, farbige Bildetiketten machen lassen (siehe Abbildungen auf den Seiten 92 und 93).

Lagerung und Reifung in den Flaschen

Der in Flaschen abgefüllte Fruchtwein wird in kühlen Kellern (bei etwa 8 bis 12 °C) gelagert. Bei niedriger Temperatur verläuft der Reifungsprozess langsam und der Wein erreicht so eine bessere Qualität. Apfelwein und leichte Fruchtweine werden am besten innerhalb eines Jahres getrunken, falls man sie überhaupt auf Flaschen füllt. Bei längerer Lagerung verlieren sie stets an Qualität und Frische. Dagegen erreichen die schweren Beerenweine erst nach einem Jahr ihre volle Güte und Bekömmlichkeit. Bei Dessertweinen kann sich der Ausbau von Aromastoffen und eine Milderung der Säure noch bis zum Ende des zweiten oder dritten Jahres steigern, vorausgesetzt, dass sie völlig gesund sind.

Flaschen mit Naturkorken werden stets liegend aufbewahrt, damit der Wein ständig den Korken befeuchtet und ihn elastisch hält. Bei liegenden Flaschen wirkt der Korken wie ein Docht: Auf seiner Außenfläche verdunstet ständig Flüssigkeit, wodurch aus der Flasche Wein nachgezogen wird. Bei zu hoher Temperatur und trockener Luft können deshalb bei längerer Lagerung merkbare Verdunstungsverluste auftreten. Dabei geht hauptsächlich der leichtflüchtige Alkohol verloren.

Im Austausch erhält der Wein etwas Luft und damit fein dosierten Sauerstoff. Dadurch findet ständig eine geringe Oxidation statt. Dies führt bei den Fruchtweinen in einigen Monaten zur vollen Reife, danach aber auch zur Alterung und Firne, schließlich zum Abbau und Qualitätsverlust bis zur Ungenießbarkeit.

Bei den zuckerreichen Dessertweinen werden die Korkporen aber bald durch den nicht verdunstenden Zuckersirup verstopft. Oxidation und Verdunstungsschwund werden dadurch immer geringer und hören schließlich fast ganz auf. Deshalb können Dessertweine, wenn sie völlig gesund sind, oft jahrelang aufbewahrt werden, ohne an Qualität zu verlieren.

Naturkorken können bei der Lagerung auch Fremdgerüche aufnehmen

Johannisbeer-Dessertwein, die Flasche ausgestattet mit Computeretikett und goldfarbener Alu-Kapsel.

Computeretiketten, hergestellt mit dem Programm »Etiketten-Druckerei« der Firma Data Becker.

und an den Wein weitergeben. Vor allem können stark oder gärig riechende Lebensmittel wie Essig oder Sauerkraut, aber auch Kartoffeln oder Gemüse, wenn sie faul werden, dem Wein schlechte Gerüche mitteilen.

Um den Verschluss völlig dicht zu machen, kann man die Flaschenmündungen auch in warmes, flüssiges Paraffin, in Flaschenwachs, Flaschenlack oder auch in Wasserglas eintauchen. Dies schützt vor Verdunstungsschwund oder Austrocknen der Korken und verhindert auch Pilz- und Korkmottenbefall.

Drehverschlüsse (meist aus Aluminium mit Kunststoffeinlage) sind oft nicht mehr ganz dicht. Deshalb müssen Flaschen mit diesen Verschlüssen immer stehend aufbewahrt werden. Auch ist ein längeres Lagern in solchen Flaschen nicht anzuraten. Zumindest muss ständig kontrolliert werden, damit der Wein nicht verdirbt. Man kann die Flaschen mit Schraubgewindemündung auch verkorken und die gebrauchte Alu-Kapsel (ohne Kunststoffeinlage) wieder aufdrehen. Dann hält der Verschluss dicht.

Mit Kronkorken verschlossene Flaschen können stehend oder liegend aufbewahrt werden. Diese Verschlüsse trocknen nicht ein.

Der chemische Prozess des Reifens ist sehr kompliziert und immer noch nicht restlos erforscht. Fachleute neigen jetzt zu der Ansicht, der Wein brauche zu seiner Entwicklung nur sehr wenig Luft(sauerstoff) und bekomme die benötigte Menge schon bei der Abfüllung mit. Er reife auch unter einem undurchlässigen Verschluss so gut wie unter einem Naturkorken. Dabei bleibe er reintönig und bekomme keinen Korkgeschmack, der vom Gießkannenschimmel (siehe Seite 28) verursacht wird.

Die Essigbereitung

Sie ist so alt wie die Weinbereitung und wird schon seit jeher im Haushalt praktiziert. In letzter Zeit erinnert man sich wieder an die dem Gärungsessig von der Volksmedizin nachgesagten gesundheitsfördernden Wirkungen. Man weiß auch heute, dass er neben der als Speisewürze geschätzten Essigsäure noch eine ganze Reihe von ernährungsphysiologisch sehr wertvollen Inhaltsstoffen des Weines enthält: Fruchtsäuren, Mineralstoffe, Spurenelemente, Gerb-, Farb- und Aromastoffe (siehe Seite 114). Die Zahl der Hobby-Weinbereiter, die sich auch ihren eigenen Essig selber machen wollen, wird deshalb wieder größer.

Ausgangsmaterial

Die Essigbereitung bietet sich an, wenn ein essigstichig gewordener Wein, der nicht mehr mit Genuss zu trinken ist, noch nutzbringend verwendet werden soll. Der Ausgangswein darf aber nicht sonstwie verdorben, also nicht trüb oder schleimig sein, weil er sonst zu viele andere, unerwünschte Mikroorganismen enthält.

Natürlich kann man auch aus völlig gesunden Weinen Essig machen. Es eignen sich alle Obst-, Frucht- und Traubenweine, die nicht mehr als 9 %vol Alkohol und 8 g/l Säure aufweisen. Weine mit höheren Gehalten sollten mit Wasser entsprechend verdünnt werden, sonst werden die Essigsäurebakterien in ihrer Tätigkeit gebremst. Aus gleichem Grund sind auch geschwefelte Weine für die Essigbereitung ungeeignet.

Weil er meistens schon von Natur aus die für die Essigbereitung günstigen Alkohol- und Säurewerte besitzt, eignet sich Apfelwein besonders gut. Apfelessig wird auch wegen seiner

Gärender Essig im weit offenen 5-Liter-Gärgefäß, mit Gazeläppchen abgedeckt. Essigsäurebakterien bilden auf der Oberfläche eine Haut und gleichzeitig am Boden eine schleimige Masse.

speziellen Genuss- und Gesundheitswerte besonders geschätzt und als Hausmittel bei vielen Beschwerden wieder entdeckt. Zur Zeit werden ihm in sensationell aufgemachten Veröffentlichungen sogar Wunderheilerwirkungen nachgesagt.

Beliebt ist auch der Fruchtessig aus Johannisbeerwein, vor allem wegen der schönen, roten Farbe und dem besonderen Aroma.

Lebensbedingungen der Essigsäurebakterien

Sie brauchen Alkohol als Nahrung, daneben vor allem die ständige Zufuhr von Luftsauerstoff. Auch sind sie sehr wärmeliebend und arbeiten am besten bei Temperaturen zwischen 25 und 33 °C (siehe Seite 29). Deshalb gedeihen sie im Winter am besten bei der Heizung und im Sommer dort, wo es die Sonne am wärmsten werden lässt. Bei Kellertemperaturen um 10 °C vermehren sie sich kaum.

Essigmutter als Gärstarter

Sehr wichtig ist es, die Zahl der Essigsäurebakterien von Anfang an möglichst groß zu halten. Die in einem leicht essigstichigen Wein natürlich vorhandenen Essigsäurebakterien reichen dazu meist nicht aus. Sie sind auch oft mit anderen, unerwünschten Mikroorganismen vermischt. Deshalb ist es besser, sich zunächst eine »Essigmutter« zu besorgen. Diese aus Essigsäurebakterien bestehende schleimige Masse findet man manchmal noch in eingekauftem, naturtrübem Obstessig oder man erhält sie vielleicht von Bekannten. Inzwischen kann man sie aber auch als gärkräftige Reinkultur im Kellereibedarfshandel kaufen.

Angesetzter Kräuteressig.

Mit der Essigmutter setzt man am besten zunächst einen »Gärstarter« an. Dazu gibt man sie in eine Flasche mit bis zu 2 Liter Inhalt und füllt bis etwa zur Hälfte mit Wein auf. Dieser Ansatz wird, nur mit einem Gazeläppchen oder Wattebausch lose bedeckt, an einen sehr warmen Platz gestellt. Durch tägliches, kräftiges Schütteln der Flasche sorgt man für die nötige Sauerstoffzufuhr.

Nach etwa zehn Tagen haben sich die Essigsäurebakterien reichlich vermehrt und man kann nun eine größere Menge zur Gärung ansetzen. Dazu gibt man den Gärstarter in einen möglichst weit offenen Behälter aus lebensmittelechtem Material (Glas, Steingut, Kunststoff) und füllt bis zu etwa zwei Drittel mit Wein auf.

Gärverlauf

Nun muss erneut für günstige Gärtemperatur und ständige Sauerstoffzufuhr gesorgt werden. Statt dem täglichen Schütteln oder Umrühren kann man auch von Zeit zu Zeit einen kleinen Schlauch oder ein Glasröhrchen in das Gärgut halten und Luft durchblasen. Als Abdeckung genügt ein sauberes Gazetuch. Je günstiger die Bedingungen sind, desto schneller arbeiten die Essigsäurebakterien. Es dauert aber auf jeden Fall mehrere Wochen, bis der größte Teil des Alkohols in Essigsäure umgewandelt ist.

Fertiger, klarer Apfel- und Fruchtessig in schönen Flaschen als Zimmerschmuck.

Abfüllung und Flaschenreifung

Jetzt kann mit dem Schlauch sauber abgezogen werden. Dabei lässt man etwa 2 Liter mit der an der Oberfläche gebildeten Haut und dem schleimigen Bodensatz im Gärgefäß zurück. Dieser Rest kann später wieder als Gärstarter für einen neuen Ansatz verwendet werden.

Die Flaschen werden verschlossen und sollten noch mindestens ein halbes Jahr kühl gelagert werden. Dann kann sich der Essig weiter klären und ausreifen, wobei sich ein intensiveres Aroma entwickelt. Nach beendeter Selbstklärung kann man noch die klare Flüssigkeit vorsichtig in eine andere Flasche umfüllen. Danach ist der Essig für die verschiedenen Zwecke in der Küche, zur Körperpflege und im Haushalt verwendbar.

Aus Apfel- oder Fruchtwein hergestellter, klarer Gärungsessig verdirbt nicht. Er lässt sich jahrelang in geschlossenen Flaschen aufbewahren und wird dabei mit der Zeit immer aromatischer und besser im Geschmack.

Verfeinerung

Für die Verwendung als Speisenwürze kann man den fertigen Essig noch verfeinern: So kann man allerlei Küchenkräuter zusetzen und diese mehrere Wochen lang an einem warmen Ort durchziehen lassen, damit ihre Würzstoffe in den Essig übergehen. Je nach individuellem Geschmack und Verwendungszweck eignen sich hierzu: Dill, Estragon, Petersilie, Majoran, Borretsch oder Thymian. Auch können nach eigenem Belieben Lorbeerblätter, Zwiebelringe, Schalotten, Schnittlauch, Senf- oder Pfefferkörner sowie Meerrettichstückchen zugegeben werden.

Der eigenen Phantasie sind hier kaum Grenzen gesetzt. So kann Apfelessig auch (etwas angewärmt) mit Honig gesüßt, mit Rosen-, Lavendel-, Veilchenblüten aromatisiert oder mit aromareichen Früchten (Himbeeren, Walderdbeeren) angesetzt werden.

Die Herstellung von Fruchtlikören

Allgemeines

Wahrscheinlich wurde die Likörherstellung im Mittelalter in italienischen Klöstern erfunden. Damals waren Liköre flüssige Medikamente (liquore, ital. = Flüssigkeit): Alkoholische Auszüge aus heilwirksamen Pflanzenteilen wie Kräutern, Wurzeln, Samen, Früchten wurden mit Honig oder Rohrzucker schmackhafter gemacht. Man erkannte schon damals, dass Alkohol nicht nur konservierend wirkt, sondern auch die Wirk- und Aromastoffe der Heilpflanzen löst und sie – zusammen mit dem Zucker – geschmacklich veredelt.

Als dann im 18. Jahrhundert die ersten Rübenzuckerfabriken aufkamen und der Zucker sich allmählich vom teuren Luxusartikel zum allgemeinen Verbrauchsgut wandelte, wurde das Selbermachen von Likören auch in den Haushalten üblich. Die Likörherstellung gehörte lange Zeit zur gut geführten Hauswirtschaft.

In den letzten Jahrzehnten ist die Selbstherstellung von Likören etwas aus der Mode gekommen. Das liegt wohl einmal an der hohen Alkoholsteuer, die dieses Hobby sehr teuer macht. Zum anderen kann der Selbstgemachte kaum noch in Aufmachung, Farbe, Geschmack und Aroma mit dem überreichen Angebot an raffinierten und mit großer Fachkenntnis hergestellten Industrie-Erzeugnissen konkurrieren.

Allerdings macht sich auch hier jetzt wieder eine Gegenströmung bemerkbar: Die Hobby-Likörbereiter wollen die gewerblich hergestellten Erzeugnisse gar nicht nachmachen, sondern etwas ganz Außergewöhnliches fertigbringen, was es nirgends zu kaufen gibt und was Freude an der unverwechselbaren, eigenen Kreation bringt.

Bei der häuslichen Likörbereitung gilt es, ein nach dem eigenen Geschmack harmonisches, genussvolles Getränk für besondere Anlässe zu komponieren und dabei das richtige Verhältnis von Zucker, Alkohol und Aroma – zusammen mit einer ansprechenden Farbe – zu finden.

Meistens werden im Haushalt Liköre aus Fruchtsäften oder direkt aus Früchten hergestellt. Dabei legt man in letzter Zeit mehr Wert auf die Frucht und weniger auf den Alkohol. Zur dauernden Haltbarkeit sind allerdings etwa 22 bis 25 %vol Alkohol erforderlich.

Im Rahmen dieses Taschenbuches kann aus Platzgründen nur das Grundsätzliche der Likörbereitung erklärt werden. Es bleibt jedem überlassen, die schmackhaftesten Rezepte selbst zu finden, in denen das spezifische Aroma der Früchte am besten zur Geltung kommt.

Es soll auch nur von Likören aus einheimischen Garten- und Wildfrüchten die Rede sein. Die Herstellung von Essenz-, Kräuter- und Gewürzlikören,

SÜDZUCKER
CASTER SUGAR
SUCRE EN POUDRE
ZUCCHERO SEMOLATO
FEIN
SPRIT
CALVADOS

sowie von exotischen Fruchtlikören wird hier nicht behandelt.

Auswahl und Vorbereitung der Zutaten

Erstes Gebot bei der Likörherstellung ist: größte Sorgfalt bei Auswahl und Vorbereitung der Zutaten. Die verwendeten Alkoholträger, die Früchte bzw. die Fruchtsäfte, sowie auch der Zucker und das Wasser müssen von einwandfreier Qualität sein.

Alkohol

Der Alkohol wirkt im Likör konservierend und hält das Aroma der Frucht für viele Jahre fest. Ein richtig hergestellter Likör verdirbt nicht, sondern wird mit der Zeit immer besser. Für unseren Gaumen hat reiner Alkohol nahezu keinen Geschmack. Dafür können ihn aber die Riechzellen in der Nasenhöhle schon aus einiger Entfernung wahrnehmen. In hoher Konzentration zieht er so stark Wasser an, dass es in der Kehle »brennt« und einem die Luft wegbleibt. Im Likör wird dem Alkohol diese Eigenschaft durch die anderen Zutaten genommen.

Brennen, also Alkohol in konzentrierter Form durch Destillation gewinnen, darf bei uns nur, wer ein Brennrecht hat, das heißt, die Genehmigung vom Zollamt besitzt. Der in Verschlussbrennereien erzeugte Alkohol wird von der staatlichen Monopolverwaltung aufgekauft, gereinigt und – mit einer hohen Steuer belegt – weiterverkauft. Der Monopolsprit besitzt einen hohen staatlich garantierten Reinheitsgrad. Neben Primasprit gibt es auch Feinsprit, der mehrmals über Holzkohle filtriert und danach nochmals gebrannt wird.

Für den privaten Verbraucher ist »Weingeist« (96%ig, auch 95 und 90%ig) in Drogerien und Apotheken erhältlich. Dieser Alkohol ist völlig neutral, enthält also keine sortentypischen Geruchs- und Geschmacksstoffe. Man kann ihn für Liköre, deren Fruchtaroma nicht verändert werden soll, ausschließlich verwenden. Dies hat auch den Vorteil, dass im Likör noch viel Raum für Fruchtsaft und Zuckerlösung bleibt. Verwendet man den Weingeist zusammen mit anderen auf Trinkstärke eingestellten Spirituosen, so dämpft er deren Eigengeschmack und ermöglicht ein genaues Einstellen des fertigen Likörs auf den gewünschten oder erforderlichen Alkoholgehalt (Mengenberechnung siehe Seite 105).

Bei der Auswahl von Trinkbranntweinen für die Likörbereitung wird man meistens einen möglichst neutralen »Klaren« bevorzugen, der ebenfalls keinen Einfluss auf den Geschmack des Likörs hat.

Der neutralste unter den klaren Schnäpsen ist der ursprünglich aus Russland und Polen stammende Wodka. Seine Reinheit und Weichheit erhält er (wie der Feinsprit) ebenfalls durch mehrmaliges Filtrieren über Holzkohle. Neben dem Sprit ist Wodka der beste Alkoholträger für alle Liköre, die nur nach der verwendeten Frucht schmecken sollen. Sein Alkoholgehalt liegt zwischen 40 und 50%vol, während die gewöhnlichen

Früchte und/oder Fruchtsäfte, Spirituosen und Zucker sind die Zutaten bei der Herstellung von Fruchtlikören.

Fruchtsaftliköre, hier in Flaschen mit Schraubverschluss, müssen bis zur völligen Harmonisierung monatelang gelagert werden.

»Klaren« meistens nur 32 %vol Alkohol aufweisen.

Auch der Kornbranntwein ist wegen seines geringen Eigengeschmacks für die Likörbereitung gut geeignet. Er hat mindestens 32 %vol, Doppelkorn mindestens 38 %vol Alkohol.

Whisky ist ein besonderer Getreidebranntwein, dessen typischer Rauchgeschmack auch bei seiner Verwendung im Likör noch leicht spürbar ist. Sein Alkoholgehalt liegt zwischen 38 und 43 %vol.

Die Wacholderschnäpse, zum Beispiel Gin und Genever, eignen sich nicht für die Herstellung von Fruchtlikören. Dazu ist das Wacholderaroma zu intensiv.

Kernobstbranntweine, »Obstler« genannt, werden vor allem in Süddeutschland in Abfindungsbrennereien hergestellt. Ihr Alkoholgehalt beträgt mindestens 38 %vol und stammt aus dem Zucker der Äpfel und Birnen. Die Qualität dieser Branntweine ist recht unterschiedlich und der Einkauf direkt beim Kleinbrenner ist Vertrauenssache. Unreiner, nach Fusel schmeckender Kernobstschnaps kann das feine Fruchtaroma des Likörs völlig verderben.

Auch beim aus Beeren- oder Steinobst gewonnenen »Wasser« (Kirsch-, Zwetschen-, Mirabellen-, Schlehen-, Vogelbeerwasser) stammt der Alkohol aus dem in den betreffenden Früchten enthaltenen Zucker. Diese Spirituosen werden ausschließlich aus den vollen vergorenen Früchten gewonnen, nach denen sie benannt sind. Dazu wird zunächst eine Maische zur Vergärung angesetzt. Ist aller Zucker vergoren, so wird der entstandene Alkohol abdestilliert und nimmt die ursprünglichen Fruchtaromen sowie das entstandene Gäraroma mit.

»Obstgeiste« werden aus aromareichen und/oder zuckerarmen Früchten (z. B. Heidelbeeren, Brombeeren, Johannisbeeren, Aprikosen) gewonnen. Dabei werden die frischen, unvergorenen Früchte mit Monopolsprit angesetzt. Nach einiger Zeit wird dann der Alkohol abdestilliert und reißt dabei das Fruchtaroma mit.

Obstwasser und Obstgeiste bringen, wenn sie zur Likörherstellung verwendet werden, ihre eigenen Geruchs- und Geschmacksstoffe mit. Sind sie von derselben Fruchtart wie die verwendeten Fruchtsäfte bzw. Früchte (z. B. Kirschwasser im Kirschlikör, Aprikosengeist im Aprikosenlikör), so können sie das Fruchtaroma noch wesentlich verstärken. Sie können es aber auch verändern und eine weitere Nuance dazubringen. Dies kann man z. B. erreichen mit »Williamsgeist«, hergestellt aus der sehr aromatischen Williamsbirne oder auch mit » Calvados«, einem Branntwein aus besonderen normannischen Apfelsorten, deren Saft vorher zu »Cidre« vergoren wird.

Zum Ausprobieren neuer Aroma-Varianten gibt es noch viele andere Möglichkeiten: So kann zum Beispiel ein guter Weinbrand das Aroma des Fruchtlikörs positiv beeinflussen. Rum harmoniert zum Beispiel ausgezeichnet mit Kirsch-Aroma (»Kirsch mit Rum«) und passt auch gut zum Schlehenlikör (»Schlehenfeuer«).

Zucker und Wasser, Zuckerlösung

Zucker hat die Aufgabe, den Likör zu süßen und ihn etwas sämig bzw. dickflüssig zu machen. Gleichzeitig soll er das Aroma der Früchte bewahren und veredeln, aber nicht überdecken. Deshalb dürfen auch die Liköre keinesfalls überzuckert werden.

Meistens wird gewöhnlicher Haushaltszucker (Raffinade) verwendet. Da dieser heute bei uns sehr rein ist, ist eine Verwendung von weißem Kandiszucker nicht mehr erforderlich. Brauner Rohrzucker hat einen Beigeschmack nach Karamel und Melasse. Er enthält auch Verunreinigungen, die im Likör Trübungen verursachen. Deshalb sollte er nicht verwendet werden.

Werden Fruchtliköre unter Verwendung von Trinkbranntweinen hergestellt, so bleibt kaum noch Raum für Wasser. Deshalb muss der Zucker im Fruchtsaft gelöst werden.

Verwendet man aber Weingeist (90 bis 96%ig) als Alkoholträger, so verbleibt ein größerer Spielraum, der teils durch höhere Fruchtsaftanteile, teils durch (chlorfreies, kalkarmes) Wasser ausgefüllt werden kann. Wird Wasser mitverwendet, so kann man darin den Zucker lösen. Am besten verwendet man eine Standard-Zuckerlösung, die pro Liter 1 kg Zucker enthält (siehe Seite 66). Sie ist haltbar und man kann sie auf Vorrat herstellen. Zuckerkristalle lösen sich nämlich in alkoholischen Flüssigkeiten nicht so gut auf wie im Wasser oder im Fruchtsaft. Schließlich macht die Zuckerlösung den Likör geschmacklich weicher, weil sich – in Gegenwart von wenig zugegebener Zitronensäure – der Rohr- oder Rübenzucker in Invertzucker aufspaltet.

Fruchtsäfte und Früchte
Zur Likörbereitung geeignet sind fast alle Garten- und Wildfrüchte, die genügend Fruchtsäure und Aroma sowie eine ansprechende Farbe besitzen. Gut eignen sich, wie teilweise schon bei der Beschreibung der einzelnen Fruchtarten erwähnt, beispielsweise: Brombeeren, Heidelbeeren, Schwarze und Rote Johannisbeeren, Holunderbeeren, Himbeeren (eventuell auch aromatische Erdbeeren), Vogelbeeren (mährische süße Eberesche), dunkle Sauerkirschen, Schlehen, Aprikosen (Marillen), Pflaumen, Pfirsiche, Quitten, aromareiche Äpfel, Birnen und Hagebutten.

Die Anforderungen, die in Bezug auf Gesundheit, Sauberkeit und Reifegrad bei der Fruchtsaft- und Fruchtweinbereitung gestellt werden (siehe Seite 7) gelten natürlich auch für die Likörfrüchte, sogar noch in erhöhtem Maße. Vor allem müssen sie ein voll ausgereiftes, köstliches Aroma mitbringen, weshalb sie bei der Likörbereitung auch »Aromaträger« genannt werden. Im Haushalt werden bei der Likörherstellung vielfach Fruchtsäfte als Aromaträger verwendet (Fruchtsaftliköre). Man kann jedoch auch die Früchte selbst mit Alkohol zur Likörbereitung ansetzen (angesetzte Fruchtliköre). Wer ein »weiniges« Likörаroma mag, kann auch teilweise oder ganz vergorene Maische oder gar fertige Fruchtweine als Aromaträger verwenden (Fruchtweinliköre).

Herstellung von Fruchtsaftlikören

Die Verwendung von Fruchtsäften als Aromaträger ist das einfachste Verfahren der Likörbereitung. Es bietet sich vor allem dann an, wenn man Fruchtsäfte sowieso selbst herstellt und die zur Saftgewinnung erforderlichen Geräte bereits vorhanden sind. Es eignen sich sowohl frisch ausgepresste als auch durch Pasteurisieren haltbar gemachte oder durch Dampfentsaften gewonnene Fruchtsäfte (siehe Saftgewinnung, Seite 31). Die Säfte sollten einigermaßen klar sein. Falls noch nicht geschehen, müssen sie jetzt durch Zusetzen von »Antigeliermittel« (siehe Seite 41) entpektiniert werden. Sonst geliert der Likör beim Alkoholzusatz. Das Pektin fällt aus und es entstehen Trübungen. Diese lassen sich nicht durch Filtrieren beseitigen und setzen sich erst nach mehreren Wochen als ziemlich großer Bodensatz von selbst ab.

Die Herstellung von Fruchtsaftlikören verläuft grundsätzlich wie folgt:

Zuerst löst man den Zucker in Wasser auf bzw. rührt die aufbewahrte Standard-Zuckerlösung in den Fruchtsaft ein. Bei Trockenzuckerung löst man den Zucker im auf etwa 40 °C erwärmten Fruchtsaft auf. Um Aromaverluste zu vermeiden, muss man dabei behutsam vorgehen.

Ist aller Zucker gelöst, so werden (ein oder mehrere) Alkoholträger zugegeben. Anschließend lässt man den Likör noch einige Tage verschlossen im Mischgefäß (z. B. große Weinflasche, großes Gurkenglas oder kleiner Ballon) stehen, damit sich Trubstoffe absetzen, die sich – insbesondere bei der Verwendung von frischem Fruchtsaft – bilden können. Danach kann man den fertigen Likör filtrieren und auf kleinere Flaschen abfüllen.

Um seine volle Genussreife zu erlangen, muss der Likör nun noch etwa zwei bis drei Monate (besser noch länger) stehen bleiben. In dieser Zeit können sich, unter der schützenden Einwirkung von Alkohol und Zucker, noch Aromastoffe entfalten, abrunden und harmonisieren. Der zugesetzte Haushaltszucker spaltet sich weiter auf. Der anfangs noch etwas rauhe und scharfe Geschmack wird weicher und milder. Es lohnt sich also, jetzt nicht die Geduld zu verlieren. Je älter ein Likör wird, desto besser schmeckt er.

Zutatenberechnung

Die Mengen der einzelnen Zutaten richten sich weitgehend nach den individuellen Wünschen und dem Geschmack der Hersteller. Hier geht wieder einmal »Probieren über Studieren«. Deshalb sind auch die folgenden Mengenangaben nur als Anhaltspunkte, vor allem für Anfänger, gedacht. Sie können nach Belieben variiert werden.

Hat man schon beim Dampfentsaften bzw. bei der Haltbarmachung Zucker zugesetzt, so ist dies zu berücksichtigen. Das gleiche gilt für Wasserzusätze beim Dampfentsaften oder Nachpressen.

Beispiel

Ein Fruchtsaftlikör soll 40 % Fruchtsaft, 20 % Zuckerzusatz und 28 %vol Alkohol haben. Als Alkoholträger stehen Doppelkorn mit 38 %vol und Sprit mit 96 %vol zur Verfügung.

Dann werden für einen Liter Likör folgende Mengen gebraucht:

Fruchtsaft	400 ml
+ Zuckerlösung (1 kg Z/l)	200 ml
zusammen	600 ml
bleiben für Alkoholträger (Alkohol + Wasser)	400 ml

Pro Liter Likör müssen 280 ml reiner Alkohol zugegeben werden. Die Alkoholträger müssen also in Mischung

$280 \times 100 : 400 = 70\%$ig sein.

Das Mischungsverhältnis von Korn (A) und Sprit (B) ist dann:

A : B = 13 : 16
oder bezogen auf 400 ml:
Man braucht 180 ml Korn und 220 ml Sprit.

Berechnung nach der Mischungsformel (siehe auch Seite 70):

A : B = (b – c) : (c – a)

a = gegebener Wert für A
b = gegebener Wert für B
c = gewünschter Wert für Verschnitt
A : B = (96 – 70) : (70 – 38) = 26 : 32 oder 13 : 16.

Verteilung auf 400 ml Alkoholträger:

29 Teile = 400 ml
1 Teil = 13,8 ml
13 Teile = 180 ml Korn
16 Teile = 220 ml Sprit.

Brombeeren, in einem 2-Liter-Gurkenglas mit Alkohol angesetzt.

Herstellung von angesetzten Likören

Bei Fruchtarten mit zartem oder empfindlichem Aroma (zum Beispiel Erdbeeren, Himbeeren, Aprikosen, Pfirsiche) können auch die frischen Früchte mit Alkohol angesetzt werden. Dies ist auch bei wasserarmen Früchten, die sich schlecht abpressen lassen (zum Beispiel Hagebutten, Schlehen) vorteilhaft. Der Alkohol weicht die Inhaltsstoffe auf und zieht alle alkohollöslichen Bestandteile heraus. Er baut auch die Pektinstoffe teilweise ab. Dazu ist aber hochprozentiger Alkohol erforderlich. Der Ansatz muss insgesamt etwa 45 bis 50%vol Alkohol aufweisen. Bei Früchten mit hohem Wassergehalt kann deshalb fast nur Sprit (90 bis 96 %ig) verwendet werden. Bei den wasserarmen Hagebutten kann man aber auch noch (möglichst neutrale) andere Alkoholträger nehmen oder Wasser zusetzen.

Die Früchte werden (am besten mit einer Gabel) angestochen oder leicht zerdrückt. Aprikosen und Pfirsiche kann man auch halbieren und entsteinen, dann einen Teil der Steine aufknacken und zugeben (Bittermandelgeschmack). Die Hagebutten halbiert man ebenfalls und entfernt die Samen. Dann setzt man in einer großen Flasche, einem großen Einmachglas oder einem Ballon von passender Größe die Früchte mit dem Alkohol an, so dass alles bedeckt ist. Man lässt nun den Ansatz mehrere Wochen in dem geschlossenen Behälter ziehen. Danach gibt man alles auf ein Seihtuch und lässt es über Nacht ablaufen. Die Rückstände kann man noch mit einer Frucht-Schneckenpresse oder einer Saft-Zentrifuge (siehe Seite 32 und 34) entsaften. Man kann auch etwas Wasser hinzugeben und dann so fest im Tuch mit den Händen ausdrücken, dass kaum noch Alkohol im Rückstand bleibt.

Etwa 600 ml von dem so hergestellten Presssaft braucht man für einen Liter Likör (mit etwa 25%vol Alkohol). Dazu gibt man, je nach Geschmack, etwa 200 ml Zuckerlösung (1 kg Z/l). Dann bleibt noch Raum für etwa 200 ml Wasser (wobei die etwa zum Rückstand gegebene Menge zu berücksichtigen ist).

Schöne Karaffen und Gläser erhöhen den Genuss der selbstgemachten Liköre.

Vergärung von Likörfrüchten und Herstellung von Frucht-wein-Likören

Bei Früchten mit weniger empfindlichem Aroma – zum Beispiel Zwetschen oder Schlehen – kann man vor dem Entsaften auch eine mehr oder weniger vollständige Maischegärung in einem mit Gäraufsatz verschlossenen Gefäß durchführen. Das Verfahren wurde bei der Fruchtweinbereitung (siehe Seite 75) beschrieben. Dort wurde auch auf die Gefahr des Essigstichs hingewiesen. Während der Maischegärung erfolgt gleichzeitig ein Pektinabbau mit fruchteigenen Enzymen. Dadurch wird das Abpressen der Maische sehr erleichtert und kann auch ohne Presse von Hand erfolgen.

Der bei der Maischegärung entstehende Alkohol bewirkt auch ein besseres Lösen der Farb- und Aromastoffe. Allerdings entstehen bei der Gärung auch ganz neue Aromastoffe (Weinbukett). Das ursprüngliche, frische Fruchtaroma geht zum Teil verloren oder wird überdeckt. Deshalb ist dieses Verfahren bei Früchten mit zartem Aroma (zum Beispiel Erdbeeren, Pfirsichen, Aprikosen) nicht anzuraten. Schließlich kann man, wenn man ein ausgesprochen weiniges Aroma mag, Liköre auch aus fertigen Fruchtweinen bereiten oder diese zur Likörbereitung mitverwenden. Dazu braucht man nur völlig durchgegorene, schwere (alkoholreiche) und sehr aromatische Fruchtweine noch zusätzlich zu spriten und nach Geschmack Zuckerlösung zuzugeben. Manche lange gelagerten Dessert-Fruchtweine erinnern in ihrem Aroma und Geschmack ja schon fast an Liköre.

Die Bedeutung der Frucht-Getränke

Wohlbefinden und Gesundheit

Um dem Körper alle energieliefernden und lebensnotwendigen Aufbau- und Wirkstoffe im richtigen Mengenverhältnis zuzuführen, muss man im Allgemeinen eine große Anzahl von verschiedenen Lebensmitteln verzehren. Nur durch eine gemischte Kost wird verhindert, dass ein Mangel an bestimmten, unentbehrlichen (essenziellen) Nahrungsbestandteilen entsteht.

Durch das Fehlen schwerer körperlicher Arbeit ist der Energiebedarf des modernen Menschen durchschnittlich erheblich kleiner geworden. Dagegen ist der Bedarf an essenziellen Nährstoffen unverändert geblieben oder sogar durch Umweltbelastung, Genussgifte, Medikamente und Stress – noch gestiegen. Wir müssen also energieärmere und gleichzeitig wirkstoffreichere Nahrung suchen.

Hier kommt den Früchten und den daraus hergestellten Getränken eine besondere Bedeutung zu. Sie enthalten vor allem Vitamine, Mineralstoffe und Spurenelemente in einem verhältnismäßig kleinen Nahrungsvolumen und sind wegen ihrer günstigen diätetischen Wirkung wertvolle Nahrungsmittel.

Fruchtsäfte unterscheiden sich vom nicht be- und verarbeiteten Naturprodukt Obst durch das Fehlen der Faserstoffe (Ballaststoffe). Zellwände, Schalen, Kerne, teilweise auch Trubstoffe, werden bei der Saftgewinnung abgetrennt. Davon abgesehen besitzen die Frisch- oder Rohsäfte noch alle wertvollen Inhaltsstoffe der Früchte und damit einen großen Nähr-, Genuss- und Gesundheitswert.

Durch Pasteurisieren haltbar gemachte Fruchtsäfte sind zwar keine »Rohkost« mehr. Bei schonender Erhitzung verlieren sie aber nicht viel an Wert. Es sind nahrhafte Getränke, die den Durst stillen, aber dem Körper auch Energie und Wirkstoffe liefern.

Wasser

Obwohl es keinerlei »Nährwert« besitzt, ist Wasser bekanntlich der am wenigsten entbehrliche Nahrungsbestandteil.

Um Verluste durch Harn, Kot, Schweiß und Atemluft auszugleichen, brauchen wir zwei bis drei Liter Flüssigkeit, bei schwerer körperlicher Anstrengung, in heißer, trockener Umgebung oder bei Fieber bis zu acht Liter pro Tag. Beim Schwitzen verliert man aber auch ziemlich viel Mineralstoffe und wasserlösliche Vitamine (B_1 und etwas C), die durch das Trinken von Fruchtsäften, eventuell mit Mineralwasser gemischt, ersetzt werden können.

Bei Wassermangel im Körper entsteht der allseits bekannte Durst, der sich durch das Trockenwerden der Mund- und Rachenschleimhaut bemerkbar macht und uns zum Trinken veranlaßt. Wir trinken aber nicht nur, um den Durst zu löschen und uns mit ernährungsphysiologisch wichtigen Stoffen zu versorgen, sondern weil uns die Getränke schmecken und uns das Trinken lustvolle Freude bereitet.

Die meisten Menschen sind heute beim Trinken ziemlich anspruchsvoll. Ihre Anforderungen an Geschmack und Geruch der Getränke werden immer höher und feiner. Einfach Wasser zu trinken, genügt ihnen nicht mehr. Viele sind auch misstrauisch gegenüber dem Trinkwasser aus dem öffentlichen Netz. Dieses ist zwar bei uns durch strenge lebensmittelrechtliche Vorschriften überall hygienisch einwandfrei. Auch sind für Schadstoffe sichere Grenzwerte festgesetzt worden. Aber der Geschmack des Leitungswassers ist an vielen Orten mit zunehmender Industrialisierung schlechter geworden. Bei Fruchtsäften, Weinen und Likören sind Geschmack, Geruch und Farbe die wesentlichen Eigenschaften. Ihr Hauptwert liegt in der Köstlichkeit des Genusses. Hier greifen unsere normalen, physiologisch bedingten Ansprüche in die Bereiche der Trinkkultur und des Trinkkultes über.

Fruchtsäuren und Pektin

Ihren Genusswert erhalten alle aus Früchten hergestellten Getränke in entsprechend temperiertem Zustand von den erfrischend, durststillend und appetitanregend wirkenden Fruchtsäuren, vom Zucker sowie von der Vielfalt der Aroma- und Farbstoffe (außerdem von Pektin und einigen anderen Stoffen, die im Mund ein angenehmes Gefühl erzeugen).

Die erfrischende durstlöschende Wirkung nimmt mit zunehmendem Trockensubstanzgehalt ab. Getränke mit mehr als 20 % Trockensubstanz löschen überhaupt nicht mehr den Durst, sondern vermehren ihn noch, besonders, wenn sie süß und klebrig sind. Ein Zusatz von Kohlensäure (Kohlendioxid) steigert die erfrischende Wirkung. Sie bewirkt außer dem angenehm-kühlenden Prickeln auf der Zunge auch eine schnellere Wasseraufnahme im Körper. Deshalb löschen mit kohlensäurehaltigem (Mineral-) Wasser verdünnte Fruchtsäfte den Durst besser und werden auch von vielen Menschen besser vertragen. Im übrigen sind die wertvollen Getränke mit hohem Fruchtgehalt nicht dazu da, in großen Mengen gedankenlos hinuntergestürzt zu werden. Man trinkt sie langsam, schluckweise, unter voller Ausnutzung ihrer Genusswerte.

Säurearme Säfte schmecken fade. Zuviel Säure wirkt jedoch unangenehm scharf auf die Geschmacksnerven. Dies kann zu Abneigung und Unverträglichkeit führen. Im allgemeinen gelten Säuregehalte bis zu etwa 8,5 g/l noch als bekömmlich. Nur bei Magenübersäuerung, Magenschleimhautentzündung und bei Magengeschwüren werden saure Fruchtsäfte und -weine nicht empfohlen. Wir empfinden die Fruchtsäuren nur als angenehm, wenn sie zum Zuckergehalt in harmonischem Verhältnis (1 : 12 bis 1 : 15) stehen (siehe Seite 70). Dies gibt den besten Geschmack und bringt die erfrischende Wirkung am besten zur Geltung.

Appetitanregend wirken die aus Früchten bereiteten Getränke, indem sie die Produktion von Verdauungssäften sowie die Verdauungsbewegung von Magen und Darm (Peristaltik) anregen. Diese Wirkungen können auch als bedingte Reflexe (Pawlow-Effekt) ausgelöst werden: Schon beim Gedanken an ein erfrischendes Getränk oder beim Anblick einer entsprechenden

Abbildung kann einem »das Wasser im Munde zusammenlaufen«.

Fruchtsäuren in Säften und Weinen wirken auch desinfizierend in Mund und Rachen und damit vorbeugend gegen Erkältung und Grippe (z. B. heißer Apfelsaft oder Apfelwein mit Zucker und etwas Zitronensaft). Sie können auch den Stuhlgang fördern (morgens nüchtern ein Glas Fruchtsaft). Schließlich machen sie die Verbreitung von krankmachenden Mikroorganismen (zum Beispiel Typhusbakterien, Salmonellen und Staphylokokken) durch Fruchtgetränke unmöglich, weil diese gegenüber Säuren sehr empfindlich sind.

Trübe und fruchtfleischhaltige Säfte enthalten noch etwas Pektin. Dessen große Moleküle umhüllen sozusagen die kleineren Fruchtsäuremoleküle und verhindern ihren vorzeitigen Abbau in den Verdauungsorganen. Pektin ist unverdaulich. Es quillt nur unter Aufnahme von Wasser auf. So können die Fruchtsäuren bis in den Dickdarm gelangen und dort schädliche Fäulnisbakterien hemmen. Naturtrübe und fruchtfleischhaltige Säfte sind also ernährungsphysiologisch wertvoller als die klaren. Sie werden auch von besonders magenempfindlichen Menschen besser vertragen.

Nach ihrer Aufnahme (Resorption) werden die Fruchtsäuren im Körper leicht zu Kohlendioxid und Wasser abgebaut und liefern dabei Energie.

Zucker

An energieliefernden Nährstoffen enthalten Fruchtsäfte vor allem die leicht ausnutzbaren Einfachzucker (Trauben- und Fruchtzucker). Diese gehen ohne Verdauungsarbeit sofort ins Blut über und erhöhen den Blutzuckerspiegel. Dadurch wird die Müdigkeit beseitigt und sowohl die körperliche als auch die geistige Leistungsfähigkeit erhöht. Beim Abbau im Körper liefert Zucker Energie: Apfelsaft enthält durchschnittlich etwa 1700 kJ (400 kcal), Traubensaft etwa 2900 kJ (700 kcal) pro Liter. Für den Energiegehalt der Beeren- und Steinobstsäfte ist natürlich die Menge des zugesetzten Zuckers wesentlich mitentscheidend.

Unsere Vorliebe für alles Süße (besonders bei Kindern) ist ein Zeichen dafür, dass unser Körper nach Zucker verlangt. Dieser hat in Fruchtsäften aber wertvolle Begleitstoffe. Sie sind keine einseitigen »Kalorienbomben«, sondern wirken durch ihre essenziellen Nahrungsbestandteile ernährungsphysiologisch ausgleichend.

Bei der Vergärung des Zuckers entstehen zwar Alkohol und Kohlendioxid zu gleichen Teilen, so dass die Hälfte der Masse verloren geht. Dies gilt aber nicht für die Energie: Alkohol ist viel energiereicher als Zucker. Die Hefen verbrauchen nämlich nur etwa 15 Prozent der im Zucker enthaltenen Energie. So sind auch die trockenen Obst- und Fruchtweine nicht viel kalorienärmer als ihre unvergorenen Säfte. Dessertweine oder gar Liköre sind wegen des hinzukommenden Zuckers ausgesprochen kalorienreich.

Vitamine

Die größte Bedeutung in unserer Ernährung verdanken die Früchte und ihre Säfte dem Gehalt an Vitaminen. Dabei ist Vitamin C (L-Ascorbinsäure) das wichtigste. Je nach Fruchtart, Sorte und Reifegrad sind die Vitamin-C-Gehalte sehr verschieden: Arm sind zum Beispiel Trauben, Zwetschen (Pflaumen), manche Apfel- und Birnensorten, Aprikosen und Pfirsiche. Dagegen haben Hagebutten, Sanddornbeeren und Schwarze Johannisbeeren einen sehr hohen, Erdbeeren und manche Stachelbeersorten noch einen bemerkenswerten Gehalt an Vitamin C.

Vitamin C beschleunigt die Wundheilung, erhöht die Widerstandskraft gegen Infektionen und regt den Stoffwechsel an. Bei der Eisenversorgung des Körpers spielt es eine Rolle und wirkt gegen Abgespanntheit, rasche Ermüdbarkeit (»Frühjahrsmüdigkeit«), Appetitlosigkeit und Blutungsbereitschaft (z. B. Nasenbluten). Es erhöht auch das Keimvernichtungsvermögen des Blutes und wird dabei unwirksam. Deshalb ist sein Bedarf auch über hundertmal höher als der von allen anderen Vitaminen zusammen. Er beträgt normalerweise für Erwachsene 75 mg pro Tag. Werdende und stillende Mütter, Heranwachsende und alternde Menschen sowie Genesende sollten besonders reichlich mit Vitamin C versorgt sein. Da dieses Vitamin nicht im Körper gespeichert werden kann, ist die tägliche Aufnahme das ganze Jahr über besonders wichtig. Völliges Fehlen von Vitamin C führt zu dem in früheren Jahrhunderten (besonders unter Seeleuten) gefürchteten Skorbut. Bei der Weinherstellung wird, vor allem durch schweflige Säure (Kaliumpyrosulfit), das Vitamin C vermindert. Nach längerer Lagerung ist es ganz zerstört.

Das β-Carotin, ein gelber Farbstoff, ist die Vorstufe, aus der Vitamin A im Körper aufgebaut werden kann. Es wird deshalb auch Provitamin A genannt. Vor allem in Hagebutten, Ebereschen, Tomaten, Aprikosen und Pfirsichen ist es reichlich vorhanden. Da es wasserunlöslich ist, kann man in klaren Fruchtsäften keine nennenswerten Mengen finden, wohl aber in fruchtfleischhaltigen Getränken.

Vitamin A wirkt mit beim Abbau von Kohlenhydraten in der Leber. Es erhöht auch die Widerstandsfähigkeit der Haut gegenüber Infektionen (Hautausschlag, Akne). In der Netzhaut des Auges ist es am Aufbau von Sehpurpur beteiligt. Damit hilft es, das Auge an die Dunkelheit anzupassen, verhütet also Nachtblindheit.

Die Vitamine der B-Gruppe sind wasserlöslich. In Früchten und Säften vor allem bei Stachelbeeren, Zwetschen (Pflaumen), Birnen, Erdbeeren, Johannisbeeren, Kirschen und Trauben sind die Vitamine B_1 (Thiamin), B_2 (Riboflavin) und Niacin mehr oder weniger reichlich enthalten. Diese Vitamine haben Bedeutung für Nerven, Kohlenhydratumsatz, geistige Spannkraft und Wasserhaushalt. Der Bedarf an dieser Vitamingruppe wird vor allem durch Vollkorn-Getreideprodukte, zum Teil auch durch tierische Nahrungsmittel gedeckt.

Bei der Gärung werden die Vitamine der B-Gruppe von der Hefe aufgenommen. Fertige, klare Weine enthalten also kein Vitamin B mehr. Außerdem wird Thiamin durch zugesetztes Kaliumpyrosulfit (schweflige Säure) völlig zerstört.

Mineralstoffe und Spurenelemente

Mineralstoffe sind als elektrisch geladene Teilchen (Ionen) in Fruchtsäften gelöst: Kalium, Natrium, Calcium, Magnesium, Eisen und Mangan wirken als Basenbildner, Phosphat wirkt als Säurebildner. Die Basenbildner sind im Überschuss. Sie verhüten die Versäuerung des Blutes. Früchte und daraus hergestellte Getränke schaffen also einen Ausgleich zu unserer meist säureüberschüssigen Wohlstandsnahrung. Sie entlasten die Nieren in ihrer entgiftenden Wirkung und verhindern Gicht, Rheuma und andere Krankheiten. Weil sie wasserlöslich sind, sind im Saft prozentual mehr Mineralstoffe enthalten als in den Früchten. Dies gilt besonders für das leicht lösliche Kalium. Beim Dampfentsaften gehen auch die schwerer löslichen, wie Calcium, Magnesium und Phosphat, in größeren Anteilen in den Saft über.

Kalium hat von allen Mineralstoffen in Früchten und Fruchtsäften den weitaus größten Anteil und spielt ernährungsphysiologisch die wichtigste Rolle. Der Natriumgehalt ist dagegen durchweg sehr niedrig und oft über hundertmal geringer. Diese beiden Mineralstoffe regeln den osmotischen Druck in den Körperzellen und sind als Gegenspieler für den Wasserhaushalt verantwortlich: Kalium schwemmt Wasser aus, wirkt harntreibend; Natrium hält dagegen Wasser im Körper zurück, wirkt wasserbindend. Früchte und ihre Säfte sind also geeignet, einen Ausgleich gegenüber scharf gesalzenen Speisen herbeizuführen, die dem Körper überwiegend Natrium zuführen.

In Traubenweinen kann der Kaliumgehalt durch Weinsteinausscheidung sinken, durch Zugabe von Kaliumpyrosulfit kann er aber auch erhöht werden.

Calcium und Phosphor werden besonders von Kindern und Jugendlichen für den Aufbau von Knochen und Zähnen gebraucht. Zusammen mit Vitamin D verhütet Calcium hier die gefürchtete Rachitis. Es kann aber auch bei älteren Menschen eine Knochenbrüchigkeit (Osteoporose) verhindern. Ohne Calcium kann der komplizierte Vorgang der Blutgerinnung nicht ablaufen. Es beeinflusst auch die Erregbarkeit von Nerven und Muskeln und wirkt auf die Hörfähigkeit ein. Sinkt der Calciumspiegel des Blutes, so treten tetanieartige Krämpfe auf. Phosphor greift überall in den Stoffwechsel ein und ist besonders wichtig für den Energieumsatz.

Magnesium ist im Stoffwechselgeschehen teilweise der Gegenspieler von Calcium. Es aktiviert außerdem eine ganze Reihe von Stoffwechselvorgängen und kann die Gefahren von Herzinfarkt und Arterienverkalkung verringern. Nach schweren Operationen, fieberhaften Erkrankungen und bei älteren Menschen schwinden Calcium und Magnesium. Deshalb ist hier, sowie auch bei geistig und körperlich schwer Arbeitenden, eine reichliche Versorgung sehr wichtig. Hohe Gehalte an Calcium, Magnesium und Phosphor weisen eine ganze Reihe von Früchten und Fruchtsäften auf. Da Phosphor für die Hefe ein wichtiger Nährstoff ist, erniedrigt sich der Gehalt während der Gärung, es sei denn, man setzt »Hefenährsalz« (Ammoniumphosphat) zu.

Spurenelemente werden in unvorstellbar kleinen Mengen benötigt und sind in Überdosis sehr giftig. Ihr Fehlen in der Nahrung kann aber andererseits auch große gesundheitliche Schäden verursachen. Früchte und ihre Säfte können zu einer ausreichenden Versorgung mit Eisen, Kupfer, Mangan, Zink, Fluor und Jod mehr oder weniger stark beitragen.

Eisen ist Bestandteil des roten Blutfarbstoffes und des Muskelfarbstoffs. Es ist als Coenzym an verschiedenen

Stoffwechselvorgängen beteiligt. Bei Eisenmangel kann es zu Blutarmut kommen. Beerenfrüchte haben einen beachtlichen Eisengehalt.

Kupfer kommt in sehr geringen Mengen im Körper vor. Es ist ebenfalls für die Blutbildung nötig. Außerdem ist es Bestandteil verschiedener Enzyme. Besonders kupferreich sind Hagebutten. Auch bei Aprikosen und Beeren ist der Kupfergehalt beachtenswert.

Mangan dient im Körper als Enzymaktivator. Außerdem steigert es die Verwertbarkeit von Vitamin B_1 (Thiamin).

Zink ist Bestandteil zahlreicher Enzyme und spielt eine Rolle beim Aufbau des Insulins. Durch zu hohe Zinkaufnahme kann es im Organismus andererseits zu Eisen- und Kupfermangel kommen.

Die Hefen besitzen die Eigenschaft, Schwermetalle zu absorbieren. Deshalb nimmt der Eisen-, Kupfer-, Zink- und Mangangehalt des Mostes während der Gärung ab. Bei Kontakt mit nicht geschützten Metallteilen können allerdings größere und giftige Schwermetallmengen in Fruchtsäfte oder Weine gelangen (siehe Seite 24).

Jod ist Bestandteil des Schilddrüsenhormons Tyroxin. Jodarme Ernährung führt zur Kropfbildung. Zu hohe Jodgaben sind jedoch schädlich und führen vor allem bei Schilddrüsenüberfunktion zu Gesundheitsstörungen. In den meisten Früchten ist Jod zu finden. Die Menge ist abhängig vom Standort: In Meeresnähe werden aus der jodhaltigen Luft geringe Mengen von den Früchten aufgenommen.

Fluor ist an der Zahnschmelzbildung und -härtung beteiligt und setzt so die Häufigkeit von Karies herab. Die meisten Früchte enthalten Fluor in geringen Mengen. In größeren Mengen, schon ab 2 bis 4 mg täglich, ist Fluor schädlich.

Gerb-, Farb- und Aromastoffe

Gerbstoffe, die den Fruchtsäften einen herben, die Mundschleimhäute zusammenziehenden Geschmack geben, wirken auch »adstringierend« (zusammenziehend) auf die Darmschleimhaut. Deshalb können mit gerbstoffhaltigen Säften, besonders mit Heidelbeersaft, Gärung und Fäulnis im Darm gehemmt und Durchfälle geheilt werden. Die Farbstoffe Hesperidin und Rutin schützen das Vitamin C vor der Zerstörung und beeinflussen auch die Durchlässigkeit und Elastizität der feinen Blutgefäße und Gewebemembranen. So wirken die zu den Phenolen zählenden Gerb- und Farbstoffe einer Thromboseneigung entgegen. Die wichtigste gesundheitliche Bedeutung der Phenole liegt aber in ihrer Wirkung als Antioxidantien: Sie unterbinden schädigende Sauerstoffreaktionen in den Körperzellen. Vor allem verhindern sie die Bildung der sogenannten »freien Radikale«, deren Reaktionen für verschiedene Erkrankungen und für den gesamten Alterungsprozess verantwortlich gemacht werden.

Die leicht flüchtigen Aromastoffe bestimmen den Geruch (teilweise auch den Geschmack) der Fruchtgetränke. Sie wirken auch appetitanregend und verdauungsfördernd. Bei den Fruchtweinen stammen sie nur zum Teil aus den zur Herstellung verwendeten Früchten. Ihr ursprüngliches Aroma wird während der Gärung durch von Hefen gebildete Stoffe überdeckt und verändert.

Mit dem richtigen »Know-how« lassen sich aus den verschiedensten Früchten genussreiche und gesundheitsfördernde Getränke bereiten.

Der gesundheitliche Wert der Fruchtsäfte

Er liegt im harmonischen Verhältnis aller Inhaltsstoffe, die sich gegenseitig ergänzen und in ihrer Wirkung verstärken. Fruchtsäfte können deshalb in der Medizin als natürliche, diätetische Hilfsmittel dienen und bei einer ganzen Reihe von Krankheiten helfen. Ärztlich verordnet werden vorzugsweise Frischsäfte bei:

- fieberhaften Erkältungen
- Stoffwechselleiden wie Übergewicht, Gicht und Rheuma
- Bluthochdruck, Herz- und Kreislauferkrankungen
- Durchblutungsstörungen
- Nieren- und Gefäßkrankheiten
- Erkrankungen der Leber und der Gallenwege
- Erschöpfungszuständen.

Fruchtsäfte sind aber Lebensmittel und keine Arzneimittel. Schon gar nicht sind sie Wunderheilmittel, die Arzt und Apotheker überflüssig machen. Besondere gesundheitliche Wirkungen auszuüben, ist nicht ihr normaler Zweck.

In den Familien ist das Trinken von Fruchtsäften heute allgemein üblich. Sie sind beliebt als Frühstücksgetränke, als Aperitif vor den Hauptmahlzeiten und auch zwischendurch als erfrischende Durstlöscher. Auch in Gaststätten und auf Parties werden sie immer mehr verlangt und angeboten.

Fruchtsäfte sind alkoholfrei und deshalb ein angemessenes Getränk für Kinder und Jugendliche, für Straßenverkehrsteilnehmer, für Menschen, die in Schule und Beruf konzentriert arbeiten müssen, für Sportler und für ehemalige Alkoholiker, die »trocken« bleiben müssen.

Wirkungen der Fruchtweine und Fruchtliköre

In ihrer Wirkung auf den menschlichen Körper stehen die Obst- und Fruchtweine sowie die Fruchtliköre wie alle alkoholischen Getränke zwischen Nahrungsmitteln, Genussmitteln und Giften. Der in ihnen enthaltene Alkohol liefert, wie schon erwähnt, viel Energie, die im Körper voll verwertbar ist. Er wirkt auch, wie die Fruchtsäuren, in kleinen Mengen appetitanregend, verdauungsfördernd und desinfizierend.

Geringe Alkoholmengen regen Herz und Kreislauf an. Sie können einen zu niedrigen Blutdruck normalisieren, den Fettstoffwechsel günstig beeinflussen und damit einem Herzinfarkt vorbeugen.

Die selbstgemachten Fruchtweine und -liköre kann man vor, während und nach der Mahlzeit trinken. Vorwiegend genießt man sie aber nach dem Arbeitstag zum Feierabend, in Gesellschaft oder bei festlichen Gelegenheiten. Dann tragen sie zur Entspannung bei, erleichtern Kontakte und bauen Hemmungen ab. Sie können gute Gespräche fördern, Lebensfreude wecken und Hochstimmung schaffen: Damit haben sie eine wichtige gesellschaftliche Aufgabe und dienen auch der Gesundheit.

Aber schon bei einem Blutalkoholspiegel von etwa 0,5 Promille (0,5 ‰ oder 0,5 g Alkohol im Liter Blut) wird die Konzentrationsfähigkeit beeinträchtigt, die Reaktionsschnelligkeit herabgesetzt und das Zusammenspiel der Muskeln bei komplizierten Steuerarbeiten gestört. Dies führt bei der Arbeit, beim Sport und bei der Teilnahme am Straßenverkehr zu Fehlleistungen, Misserfolgen und Unfällen.

Alkohol wirkt lähmend auf das zentrale Nervensystem. Je mehr man trinkt, desto mehr unerwünschte Wirkungen treten auf.

Es gibt kein Mittel, die Wirkungen des Alkohols auszuschalten. Aber man kann seine Aufnahme ins Blut (Resorption) verlangsamen: Durch eine kräftige (fett- und eiweißreiche) Mahlzeit wird der Alkohol länger im Magen festgehalten. Er geht auch langsamer ins Blut über, wenn man das Getränk in Ruhe genießt. Wird dagegen hastig und auf leeren Magen getrunken, so wirkt der Alkohol fast schlagartig. Auch bei Ärger und Stress wirkt er schneller und stärker als in behaglicher Stimmung.

Werden alkoholische Getränke im Übermaß, zu häufig oder zu unpassenden Gelegenheiten konsumiert, so spricht man von Alkoholmissbrauch, der zur völligen physischen und psychischen Alkoholabhängigkeit (Alkoholismus) führen kann. Versagen im Beruf, Zerstörung des Familienlebens und Absinken ins Kriminelle sind die leider viel zu häufigen Folgen.

Beim gepflegten, kultivierten Genuss und beim richtigen Maß zur rechten Gelegenheit lassen sich die unangenehmen Seiten und die Gefahren des Alkohols jedoch vermeiden. Wenn man das weiß und danach handelt, braucht man auf die positiven Wirkungen richtig und sorgfältig hergestellter Fruchtweine und -liköre nicht zu verzichten. Vielmehr darf man ihre Farben und ihre Klarheit bewundern, aber auch ihr Aroma und ihren Geschmack ohne Reue genießen.

Verzeichnisse

Literatur

Arauner, Paul: Weine und Säfte, Liköre und Sekt selbstgemacht. Überarbeitete Auflage. Falken Verlag, Niedernhausen, 1994.

Arnold, Anette und Reibetanz, René: Obstwein, selbstgemacht. Econ Taschenbuch Verlag, Düsseldorf, Originalausgabe 1987.

Buss, Katharina: Leib- und Magenelixiere; Selbstgemachte Liköre und Schnäpse. 2. Aufl. Econ Taschenbuch Verlag, Düsseldorf 1987.

Donath, Erhard: Rohsäfte und Konserven selbsthergestellt. 7. Aufl., VEB Fachbuchverlag, Leipzig 1975.

– Obstwein selbstgemacht. 17. Aufl. VEB Fachbuchverlag, Leipzig 1973.

George, Herbert: Likör-Bereitung. 9. verb. Aufl., Verlag Eugen Ulmer, Stuttgart 1996.

Gast, Arbo: Naturreiner Saft aus Obst, Gemüse, Kräutern, selbstgemacht 1985; Wein und Saft aus Obst und Beeren zu Hause selbstgemacht, 1983; Liköre, Schnäpse und Wein, selbstgemacht aus Früchten, Beeren und Kräutern. Heyne Koch- und Getränkebücher; Wilh. Heyne Verlag München.

Hofman, Alfred: Weine verstehen und beurteilen. Verlag Eugen Ulmer, Stuttgart 1987.

Holfelder, Elisabeth: Die Verwertung von Obst und Gemüse aus dem eigenen Garten. 3. Aufl., Obst und Gartenbauverlag, München 1978.

Janovsky, Rudolf: Obstmost, Fruchtsäfte, Edelbrände. Österreichischer Agraverlag, Wien 1987.

Kliewe, H.: Wein und Gesundheit. Verlag D. Meininger, Neustadt a. d. W. 1971.

Kolb, Erich; Demuth, Günter; Schurig, Ulrich und Sennewald, Karsten: Fruchtweine. Produktion in Haushalt und Gewerbe. 8. völlig neubearb. Aufl. Verlag Eugen Ulmer, Stuttgart 1999.

Müller, Veronika: Liköre und Schnäpse, selbstgemacht. Verlag Gräfe und Unzer, München 1987.

Schneider, Johannes und Knauth, Andreas: Die Obst- und Beerenweinbereitung. Lehrmeister Bücherei. Albrecht Philler Verlag, Minden 1983.

Schobinger, Ulrich: Frucht- und Gemüsesäfte. 2. Aufl., Verlag Eugen Ulmer, Stuttgart 1987.

Stoll, Karl und Gremminger, Ulrich: Besondere Obstarten. Vom Reichtum seltener, südländischer und wildwachsender Früchte. Verlag Eugen Ulmer, Stuttgart 1986.

Vogel, Wolfgang: Wein aus eigenem Keller. 6. überarb. Aufl., Verlag Eugen Ulmer, Stuttgart 1999.

Wicks, Keith: Wein keltern. Otto Maier Verlag, Ravensburg, 1980.

Wieloch, Elisabeth: Gesund durch Obst – roh und gekocht. 9. Auflage VEB Fachbuchverlag, Leipzig o. J.

Bezugsquellen

Die meisten in diesem Buch genannten Geräte sind in guten Haushaltsgeschäften oder in den Haushaltsabteilungen der Kaufhäuser erhältlich. Zutaten oder Zubehör wie Reinzuchthefen, Hefenährsalz, Milchsäure, Antigeliermittel, Gummikappen, Korken, Gäraufsätze, Messgeräte für Öchsle- und Säuregrade, erhält man in vielen Drogerien und Apotheken. In Weinbaugebieten bieten Kellereibedarfshandlungen und Gartenmärkte alles an, was man zur Saft-, Wein- und Likörbereitung braucht.

Sollte etwas im örtlichen Handel auch auf Bestellung nicht zu bekommen sein, so liefern folgende Firmen oder nennen Bezugsquellen:

Paul Arauner GmbH & Co. KG
Wörthstraße 34/36
97318 Kitzingen/Main
Tel.: 09321/13500
Fax: 09321/135041
E-Mail: info@arauner.com
Internet: www.arauner.com
Alles für die Wein-, Saft- und Likörbereitung, Untersuchungslabor, Beratungsdienst

Data Becker GmbH & Co.
Merowingerstraße 30
40223 Düsseldorf
Tel.: 0211/9334900
Fax: 0211/9334999
E-Mail: info@databecker.de
Internet: www.databecker.de
Software für Etiketten und Flaschenbeschriftung

Bockmeyer Kellereitechnik GmbH
Zementwerk 3
72622 Nürtingen
Tel.: 07022/93343-0
Fax: 0800/3116699
Internet: www.bockmeyer.de
Flaschen, Maschinen, Behälter, Zubehör

JUPITER Küchenmaschinenfabrik GmbH & Co.
Wiesenstraße 33
73614 Schorndorf
Tel.: 07181/9271-0
Fax: 07181/9271-50
E-Mail: info@jupiter-gmbh.de
Internet: www.j-u-p-i-t-e-r.de
Küchengeräte und -maschinen

Kellereibedarf Knopf GmbH
Gurkgasse 16
A-1140 Wien
Tel.: 0043-(0)1-9826240
Fax: 0043-(0)1-9828208
E-Mail: information@knopf.at
Internet: www.knopf.at
Fachgeschäft für Hobbybrauer und Hobbywinzer

Kreck-Edelstahl GmbH
Zum Neuland 12
35708 Haiger
Tel.: 02774/9263-0
Fax: 02774/9263-0
E-Mail: info@kreck.de
Internet: www.kreck.de
Multitopf, Entsafter, Großkochtopf und Einkochgerät

Oberacker – Natur & Technik
Gellertstraße 12
76344 Eggenstein
Tel.: 07247/963090
Fax: 07247/963091
E-Mail: oberackerw@aol.com
Internet: members.aol.com/oberackerw
Obstpressen, Beerenpressen, Obstmühlen, Eichenfässer, Zubehör

Albert Pfäffle
Spezialhaus für Kellereibedarf
Gymnasiumstr. 73
74072 Heilbronn
Tel.: 07131/84589
Fax: 07131/02294
E-Mail: info@pfaeffle-heilbronn.de
Spezialhaus für Kellereibedarf

VIERKA – Friedrich Sauer GmbH & Co
Postfach 1328
97628 Bad Königshofen
Tel.: 09761/91880
Fax: 09761/918844
Reinzuchthefe, Zusatzstoffe sowie Zubehör und Kleingeräte für Saft- und Weinbereitung

Speidel GmbH
Tübinger Straße 14
72131 Ofterdingen
Tel.: 07473/94620
Fax: 07473/946299
E-Mail: Verkauf@speidel-behaelter.de
Internet: www.speidel-behaelter.de
Getränkebehälter aus Kunststoff (NPE), Mühlen und Keltern, Hydropresse

J. WECK GmbH & Co. KG
Wehratalstr. 3
79664 Wehr-Öflingen
Tel.: 07761/935-0
Fax: 07761/57691
E-Mail: Marke-weck-glaeser@weck.de
Internet: www.weck.de

G. Wein GmbH & Co.
Melmsheimer Straße 10
74357 Bönnigheim
Tel.: 07143/88560
Fax: 07143-25249
E-Mail: info@gwein.de
Internet: www.gwein.de
Kellereieinrichtung, Brennerei- und Kellereibedarf

Bildquellen

Fotos

Braun Werkfoto: Seite 34.
Joachim Feist, Pliezhausen: Seite 63.
Roland Krieg, Waldkirch: großes Titelfoto.
LVWO/Gerlach: Umschlagvorderseite kleines Bild Mitte.
Dr. G. Röhrig, Weinsberg: Seite 37 (unten rechts).
Fridhelm Volk, Stuttgart: Seite 1, 2, 5, 11, 21, 30, 39, 52, 61, 74, 100, 107, Umschlagvorderseite kleines Bild links und kleines Bild Mitte.
Weck Werkfoto: Seite 44 (oben, Mitte), 50.
Alle übrigen Fotos vom Autor.

Zeichnungen

Siegfried Lokau, Bochum-Wattenscheid: Seite 77.
Alle übrigen Zeichnungen von Bernhard Salzer, Waiblingen.

Sachregister

Fett gedruckte Zahlen verweisen auf Abbildungen.

Die Deutsche Bibliothek – CIP-Einheitsaufnahme

Thönges, Heinrich:
Fruchtsäfte, Weine, Liköre / Heinrich Thönges. – 3., erg. und neugestaltete Aufl. – Stuttgart (Hohenheim) : Ulmer, 1999
(Ulmer-Taschenbuch ; 50)
ISBN 3-8001-6897-9

ISBN 3-8001-3880-8 (4. Auflage)

Das Werk einschließlich aller seiner Teile ist urheberrechtlich geschützt. Jede Verwertung außerhalb der engen Grenzen des Urheberrechtsgesetzes ist ohne Zustimmung des Verlages unzulässig und strafbar. Das gilt insbesondere für Vervielfältigungen, Übersetzungen, Mikroverfilmungen und die Einspeicherung und Verarbeitung in elektronischen Systemen.

© 1990, 2002 Verlag Eugen Ulmer GmbH & Co.
Wollgrasweg 41, 70599 Stuttgart (Hohenheim)
Printed in Germany
Lektorat: Ingeborg Ulmer, Carola Hils
Herstellung: Thomas Eisele
Druck und Bindung: Georg Appl, Wemding

Wenn Sie mehr wissen wollen...

Lust auf Essig? Dieses Buch beschreibt die wichtigsten Schritte vom Ausgangsprodukt bis zum fertigen Essig, gibt Ratschläge zur Verfeinerung von Ansatzessigen und beantwortet die wichtigsten Fragen, auf die es beim Herstellen von Essig ankommt. Ein Essigglossar klärt über die wichtigsten Essigsorten auf und über 30 Rezepte laden ein, Essig auch einmal von ganz anderen Seiten zu betrachten.
Essig selbst bereiten. *K. Hagmann, H. Graf. 2001. 123 Seiten, 58 Farbf., 8 sw-Zeichn. ISBN 3-8001-3240-0.*

Ein schier unüberschaubares Angebot von südländischen Früchten ist auf unseren heimischen Märkten zu finden. Wie sie verwendet werden und worauf Sie beim Kauf achten müssen sagt dieses Buch. Mit über 50 Rezepten.
Exotisches Obst und Gemüse für die Küche. *G. Lehari. 3. Aufl. 2002. 128 S., 81 Farbfot. ISBN 3-8001-3691-0.*

In diesem Buch erfahren Sie alles über die gängigsten Konservierungsformen vom Tiefgefrieren über das Einmachen, Räuchern, Pökeln und Dörren bis hin zur Kellerlagerung. So bleiben Ihre Schätze noch lange erhalten und Sie können auch in den vitaminarmen Wintermonaten jederzeit Geschmackvolles und Gesundes auf den Tisch zaubern.
Konservieren. *Alles über die perfekte Vorratshaltung. H. K. Gans. 2000. 224 Seiten, 310 Farbfotos. ISBN 3-8001-6790-5.*

Einkochen macht Spaß und ist ganz einfach. Mit diesen Grundrezepten kommen auch im Haushalt Unerfahrene bestens zurecht. Das Buch enthält das nötige Wissen und viele Anregungen.
Früchte einkochen, kandieren und einlegen. *G. Colditz. 1991. 128 Seiten, 71 Farbfotos, 8 Zeichnungen. ISBN 3-8001-6246-6.*

... Bücher über Selbstgemachtes.

Vom Lebensspender Wasser zu herrlichen Weinen und Champagner, vom heilkräftigen Tee über nahrhafte Milch zu belebendem Espresso reichen die Spannungsbögen dieser anekdotenreichen Kulturgeschichte des Trinkens. Mehr als ein Lesevergnügen dank praktischer Anleitungen und Rezepte! **Getränke zubereiten, mixen, variieren.** *Alles über Wasser & Wein, Saft & Bier, Kaffee & Tee. H.K. Gans. 2001. 223 S., 357 Farbfot. ISBN 3-8001-3212-5.*

Dieses Buch ist eine Hilfe bei Problemen, die die Weinbereitung mit sich bringt – für den Anfänger eine grundlegende Anleitung, für den erfahrenen Praktiker eine nützliche Übersicht. Dabei wird deutlich: es macht Spaß, Wein zu keltern – und erst recht zu trinken. **Wein aus eigenem Keller.** *Trauben-, Apfel- und Beerenweine. W. Vogel. 6. Aufl. 1998. 159 S., 21 Farbfot., 29 Zeichn. ISBN 3-8001-6657-7.*

Dieses Buch enthält eine umfassende Darstellung der Technologie der Obst- und Fruchtweinbereitung im häuslichen wie im industriellen Maßstab. Wesentliche Aussagen werden in Tabellen- und Diagrammform dargestellt. Der Schwerpunkt liegt auf den praktischen Verfahrensschritten wie Fruchtentsaftung, Vergärung, Klärung, Abfüllung und Pasteurisation. **Fruchtweine** – *Produktion in Haushalt und Gewerbe. E. Kolb, G. Demuth, U. Schurig, K. Sennewald. 8. Aufl. 1999. 220 Seiten, 50 Abb., 45 Tab. ISBN 3-8001-5544-3.*

Nach den Anleitungen und Rezepten dieses Buches können Sie wohlschmeckende Liköre selber machen. **Likörbereitung.** *Wissenswertes über Alkohol und alkoholische Getränke mit Rezeptbeispielen für die häusliche Zubereitung. H. George. 9. Aufl. 1996. 119 S., 79Abb. ISBN 3-8001-6605-4.*